# Proverbes chinois pour méditer

A. Albertario - F. Feslikenian

# *Proverbes chinois pour méditer*

EDITIONS DE VECCHI S.A.
52, rue Montmartre
75002 PARIS

*Traduction : Catherine Bodin*


Imprimé en Italie

# Introduction

*Les proverbes et dictons chinois sont, pour l'homme occidental, une excellente façon d'aborder les coutumes et le mode de vie des Chinois et de mieux les comprendre.*
*Pour progresser sur le chemin de la vie, le Chinois se réfère aux proverbes qui l'aident à résoudre ses problèmes matériels et moraux, à concrétiser ses aspirations les plus chères, à se consoler des déceptions qui le touchent inévitablement, à considérer ses victoires et ses défaites avec joie et philosophie, à mieux éduquer ses enfants, à rendre hommage aux dieux, à voir son travail d'un œil différent, à découvrir dans l'amour qu'il éprouve pour son épouse un mode de vie personnel, conforme à ses traditions.*
*Ces proverbes, qui remontent à des temps très anciens, nous révèlent la finesse de Lao-Tseu, le grand bon sens de Confucius, l'esprit pratique de Han Fei, le cynisme de Yang Chu, la croyance mystique du moine bouddhiste et la tendresse de l'homme ordinaire.*
*Ces croyances profondes et ces vérités d'expérience sont autant d'images de la sagesse de la Chine des différentes époques.*

Homme sage qui prie

# *Le divin*

*La présomption est don des dieux aux hommes de peu.*

*Ce que tu donnes à autrui, les dieux te le rendront au centuple.*

*Les poissons nagent au fond du lac, et cependant le pêcheur les prend, les oiseaux volent haut dans les airs, et cependant le chasseur les atteint, seule la profondeur du cœur humain peut se sonder.*

*N'accepte pas la condamnation d'autrui, même si tu as mal agi : seuls les dieux peuvent condamner.*

*La vengeance des dieux n'est pas immédiate, mais elle s'abat promptement sur celui qui ne l'attend pas.*

*Quand tu bois l'eau, pense à la source.*

*Ne sois pas enclin à blâmer l'action de ton prochain, seuls les dieux peuvent le condamner.*

LE SOLEIL NE DOIT PAS BRILLER QUE POUR MOI, MAIS AUSSI POUR LES PLUS MAUVAIS QUE MOI

*Fais en sorte que personne ne verse de larmes pour toi, les dieux les comptent une à une.*

*Nul homme ne connaît son destin, mais chacun connaît son but.*

*Le Ciel ne donne pas sans raison la vie à l'homme, la terre ne produit pas d'herbe sans racines.*

*Les dieux tournent leur amour vers les hommes qu'ils veulent préserver.*

*Lorsque les dieux veulent affliger une personne d'un malheur,*
*ils commencent par lui envoyer une légère gratification pour l'enorgueillir*
*et voir si elle sait la recevoir avec dignité.*

*Lorsqu'ils veulent envoyer une bénédiction à une personne, ils commencent par l'affliger d'un léger malheur pour voir si elle le prend bien.*

*Les dieux sont à l'origine de la malchance,*
*l'homme sage y fait face avec générosité ; les dieux apportent*
*la peine et le labeur, l'homme sage y fait face avec sérénité ;*
*les dieux apportent l'adversité,*
*l'homme sage la comprend,*
*parce qu'il saisit le rythme de la vie.*

*D'aucuns lisent les* Entretiens *de Confucius et ne les comprennent pas.*

*Personne n'est roi lors du long voyage vers le royaume des dieux.*

*L'image de Bouddha a été représentée, mais il lui manque les yeux.*

*Même la tête de Bouddha changera la troisième fois.*

*Le Bouddha de chacun est le meilleur.*

*Tout dépend de la volonté du Ciel, pas la moindre chose n'est au pouvoir de l'homme.*

CONFUCIUS SUIVI PAR UN DISCIPLE

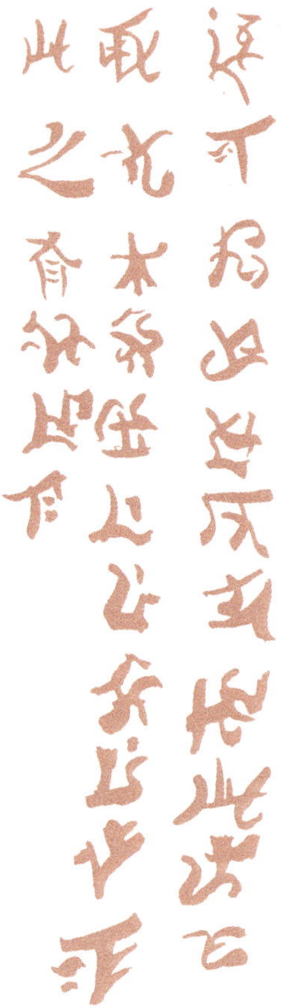

Ayez pour norme le savoir découlant du ciel et ne vous épuisez pas à étudier les livres anciens

*Qui cherche à trouver la joie en blessant des créatures assoiffées de joie n'obtiendra jamais la félicité dans l'autre monde.*

*La maison des dieux est aussi difficile à atteindre que la cime d'un grand palmier ; celui qui monte jusqu'en haut sent la saveur du ciel, tandis que celui qui tombe s'écrase.*

*Ne compte pas sur le silence des vallées car les dieux sont au-dessus des montagnes.*

*Les regards des dieux sont comme les rayons du soleil couchant : ils éclairent toutes les portes.*

*Les hommes sont pour les dieux ce que les plants de riz sont pour les hommes ; ils choisissent les meilleurs et laissent les autres dans l'eau putride.*

*Nier l'existence des dieux, c'est sauter dans un fossé les yeux bandés.*

*Il ne faut jamais prétendre avoir les dieux de son côté ; ils peuvent s'éloigner de l'autre côté.*

*Avec ou sans coq, demain il fera toujours jour.*

*Si ton cœur est exempt de faiblesse, tu ne craindras pas que le diable frappe à la porte.*

*Avant, toutes les choses appartenaient aux dieux : puis les dieux les ont prêtées aux hommes.*

*Les hommes sont comme l'argile et les dieux comme des potiers.*

*Qui veut être craint ne doit se montrer faible avec personne si ce n'est avec les dieux.*

*Quand une épée tranchante est suspendue au-dessus de sa tête, l'homme se souvient des dieux.*

*Que tu sois juste ou injuste, après la mort le Ciel le saura.*

*L'oiseau qui s'aide de ses ailes est nourri par Dieu.*

*Le visage des dieux est bien caché derrière les rayons du soleil, la pluie et les nuages.*

*Les dieux aident l'homme qui ne reste pas couché sur le dos.*

*L'homme de bien est sous la protection du Ciel.*

*L'obscurité de la nuit est la protection du Ciel.*

*L'aide du Ciel est accordée à celui qui se soumet ; celle de l'homme est accordée à qui a confiance en lui.*

*N'allume pas un faux feu devant un vrai dieu.*

*Regarde au-dessus de toi-même et remercie les dieux de la chance qui t'est donnée.*

*Les mortels sont soumis au destin. Nul n'est maître de sa vie.*

*À quoi bon cuisiner si la marmite est sale ?*

*Le lâche qui craint la mort est emporté par elle, même s'il tente, avec une échelle, d'atteindre le Ciel.*

*Pendant trente ans, j'ai été à la recherche des dieux : quand enfin j'ai ouvert les yeux, j'ai découvert que c'étaient eux qui me cherchaient.*

*Chaque bouton de rose, espoir des fleurs, ne peut éclore qu'avec le consentement des dieux.*

*Ne terrifie pas le peuple, car les dieux ordonnent que celui-ci soit laissé en paix.*

*Si tu t'humilies et écoutes les conseils d'un sage, ta conduite sera approuvée par les dieux.*

*Ne flatte personne, car l'adulation est abhorrée des dieux ; laisse parler ton cœur en toute liberté, sinon aucun de tes projets ne verra le jour et tu seras désigné à la vindicte publique.*

*Aider les pauvres est plus important aux yeux des dieux qu'honorer les puissants.*

*Les dieux prévoient tout, mais les hommes ont tout de même le libre arbitre.*

*Les dieux accomplissent toute chose en silence.*

*Celui qui réduit son patrimoine pour en céder une partie à celui qui n'en a pas sera accueilli parmi les dieux conformément à la parabole des deux brebis qui nagent : l'une d'elles, rasée, parvient à rejoindre le berger sur la rive, tandis que l'autre, alourdie par sa toison mouillée, succombe.*

*L'océan de douleur est sans bornes, mais retourne-toi, c'est le rivage.*

*Il est nécessaire de posséder pain et eau si l'on veut affronter les dieux avec bonheur.*

*Les portes du ciel sont aussi ouvertes aux pauvres.*

*Vis parmi les hommes comme si un dieu t'observait ; parle à ton dieu comme si les hommes t'entendaient.*

*Le Ciel ne se laboure pas et le père ne s'accuse pas.*

*Si tu invites*
*un pauvre à participer à*
*un repas à ta place,*
*après la mort, tu graviras un*
*échelon de plus dans le royaume*
*des cieux.*

*Si nous pouvions peser l'œuvre des dieux, tous les destins nous seraient chers*

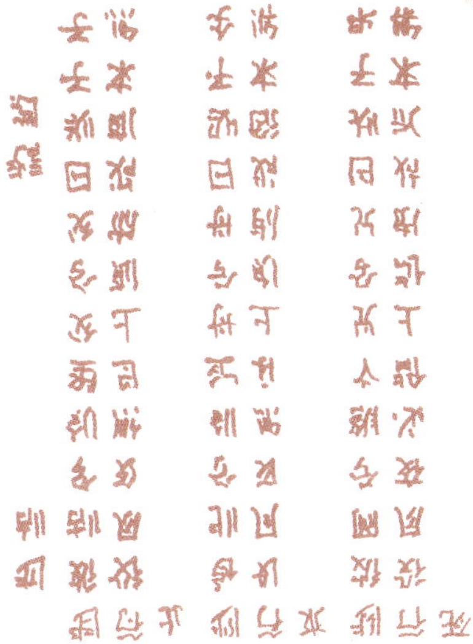

Celui dont l'âme est ferme comme la roche ne tremble pas, celui qui n'éprouve plus d'envie pour tout ce qui les suscite, celui qui ne se courrouce pas pour les choses qui excitent sa colère, celui-là ne peut plus connaître la souffrance

*Les dieux mettent les hommes à l'épreuve,*
*non seulement en leur infligeant la douleur, mais aussi en leur*
*apportant la fortune trop rapidement ; pour les uns,*
*la récompense est grande, pour les autres elle est plus petite.*

*Les dieux nous ont prêtés au monde et ainsi vivons-nous.*

*Ce morceau que tu as, ne le refuse ni à tes amis ni à tes ennemis ; n'attente pas à la vie de ton prochain et ne convoite pas ses richesses ; ainsi les dieux te garantiront une place au Ciel.*

*Les dieux se servant d'une balance d'un juste poids, voient tout ce que font les hommes ; toi qui te reposes ou qui t'assois ou qui erres dans les champs et utilises ton temps de diverses manières, ne commets pas d'actions troubles dont puissent s'apercevoir les maisons voisines et les dieux eux-mêmes.*

*Notre conscience est la voix même des dieux.*

*Si les dieux n'étaient que justice, leur royaume serait vide.*

*Face à la mort, nous sommes tous dévêtus pour être égaux devant les dieux.*

*Qui ne craint pas les dieux doit être craint des hommes.*

*Les dieux ne soulèvent rien qu'ils ne peuvent ensuite abaisser.*

*Quand les dieux créent le ver dans la boue, ils créent en même temps sa nourriture.*

*Lorsque les hommes souffrent, les dieux souffrent aussi.*

*Si les dieux ne peuvent vivre sans la présence des hommes, les hommes ne peuvent vivre sans les dieux et en conséquence, les dieux ne peuvent manifester leur pouvoir sans les hommes.*

*L'œuvre, une fois accomplie, retire-toi : telle est la loi du Ciel.*

*La charité envers son prochain est un bien précieux, la main tendue est une corde qui permet de monter au Ciel et qui console.*

*Quand les justes enseignements prévalent dans le royaume, celui qui est moralement inférieur sert à l'homme moralement supérieur, et celui qui est mentalement inférieur sert l'homme mentalement supérieur. Quand les justes enseignements ne prévalent pas, le petit sert le grand, le faible sert le fort, le fils, le père ; c'est pourquoi il faut que le seigneur se comporte en seigneur, le vassal en vassal, le père en père et le fils en fils et comme cela l'harmonie régnera sous le Ciel.*

*Les malheurs envoyés par le Ciel, on peut s'y soustraire, si soi-même on s'attire des malheurs, ce n'est plus viable. Bonté, justice, fidélité, et la jouissance qu'apportent les vertus, tout cela constitue la noblesse du Ciel.*

*Leur déception est extrême : ils doivent en effet aussi renoncer à la noblesse de l'homme.*

*Respecte les esprits célestes et terrestres, mais garde-les à distance.*

*Un homme qui possède une âme merveilleuse a toujours quelque chose de merveilleux à dire ; mais l'homme qui dit les choses merveilleuses ne possède pas nécessairement une âme merveilleuse digne d'être transplantée dans les jardins célestes.*

*L'homme juste vit sa vie de façon cohérente, en attendant sereinement d'être l'élu des dieux, tandis que la personne vulgaire suit des chemins dangereux, en attendant dans l'incertitude que la chance tourne à son avantage.*

*Le filet de la justice céleste s'étend partout, bien qu'à larges mailles il ne laisse rien échapper.*

*Dans la guerre entre les esprits dits célestes et les démons, les uns et les autres ne luttent pas pour la domination de l'enfer ; aussi, quel que soit le vainqueur, l'enfer reste toujours l'enfer.*

*Les Chinois adorent les esprits malins comme le dieu de la Pestilence et le dieu du Feu, ils maltraitent les dieux honnêtes comme le dieu de la Terre et le dieu de la Cuisine ; ils font la même chose avec leurs empereurs.*

*Un homme me dit un jour : " Viens, je veux te montrer l'endroit ou le ciel et la terre se touchent ". Nous marchâmes et je déposai mon panier dans une ouverture du Ciel. Après avoir dit ma prière, je voulus reprendre mon panier, mais je ne le trouvai pas. Je demandai alors à un homme : " Il y a donc des voleurs ici aussi ? "*
*Il me répondit : " C'est la roue du Ciel qui tourne, attends jusqu'à demain et tu retrouveras ton panier au même endroit ! "*

*Seuls les dieux vivent dans la perfection et la sagesse ; l'homme vit en revanche dans l'imperfection et la désobéissance.*

*Ne te moque jamais d'un homme qui est entre les mains des dieux, ne te montre pas cruel envers lui s'il commet une faute, car le malheur pourrait te rendre visite.*

*Les hommes sont faits de paille et d'argiles, les dieux sont leurs maçons. Chaque jour, ils démolissent et construisent, ils créent à leur guise mille mendiants ou mille fonctionnaires.*

*Quand le messager de la mort viendra te chercher pour t'emporter et pour te transplanter dans le jardin des dieux, fais en sorte qu'il te trouve prêt. Tu ne pourras malheureusement pas parler parce que tu seras paralysé par la terreur. Ne dis jamais : " Tu viens me chercher alors que je suis encore jeune ", car tu ne sais absolument pas quand viendra ta mort. La mort vient, emporte l'homme mûr ou même arrache l'enfant au sein de sa mère. Agis comme je te dis, tu seras un homme bon et tous les maux s'éloigneront de toi.*

*Seul un homme aviné peut prétendre savoir expliquer les mystères des dieux, les sages y renoncent.*

*La connaissance de l'âme et sa qualité sont la clef qui permet d'entrer au royaume des dieux ; aussi essaie de connaître ton cœur. C'est une substance noble dont l'origine est divine.*

*La jambe ne se lasse pas de marcher, l'œil de voir, la main de travailler, la langue ne se lasse pas de parler, la tête refuse la natte de cheveux, l'esprit de l'homme ne renonce pas au désir, son cœur ne se lassera jamais d'adorer et de servir les dieux.*

*Dis toujours la vérité, ne te fâche jamais, donne le peu que tu as si on te le demande. Ces trois vertus permettent de s'élever auprès des dieux.*

*Les servantes d'un sage, en balayant la maison, voulaient jeter dehors les petits de la chatte. Le sage leur dit : " Laissez-les tranquilles, la clémence des dieux profite à toutes les créatures ! "*

*Celui qui se venge subira la vengeance des dieux.*

*Si tu te soumets et suis les enseignements d'un sage, ta conduite sera louée par les dieux.*

*Le consentement des dieux ressemble à un barrage qui retient les eaux d'un fleuve débordant ; il ressemble à un endroit frais qui abrite le sommeil jusqu'à l'aube ; il est comme un coin chaud et sec en hiver ; il est comme une montagne qui retient le tourment lorsque le ciel est tumultueux.*

*Une œuvre bien commencée est toujours achevée par les dieux.*

*Depuis que les dieux existent, les corps s'en vont et d'autres corps les remplacent. Aucun d'eux ne peut emporter ses biens avec soi. Jamais personne qui quitta ce monde n'a pu revenir en arrière pour les récupérer.*

*Toute œuvre de l'homme est vaine si elle n'est pas sous les auspices favorables des dieux.*

*Pour l'homme, il est facile de s'égarer ; pour les dieux, il est facile de le reconduire sur le droit chemin.*

*L'argent peut tout acheter, même les dieux.*

*Celui qui croit vraiment en l'aide des dieux recevra l'aide des dieux.*

*Qui prévoit une dure épreuve dans sa vie redouble son engagement et sa foi en Dieu.*

*Dans son travail, l'homme trouve sa dignité, car il collabore avec les dieux aux œuvres de la nature.*

*Les choses du Ciel sont vues uniquement par qui ferme les yeux et croit en elles.*

*Ne méprise pas le faible lumignon allumé par les dieux sur le seuil de ta maison : en attendant le matin il pourra te servir.*

*Les dieux exaucent les prières du cœur et non celles de la bouche.*

*Chaque joie, chaque désir sont sans valeur s'ils ne sont pas précédés et ne se concluent pas par une pensée pour les dieux.*

*Qui s'oppose à la vengeance des dieux s'attire leurs foudres.*

*La solitude est lourde à supporter lorsque l'on n'a pas pour compagnon les dieux.*

*Que la prière adressée aux dieux soit la clef du jour à venir.*

*La beauté des choses, plus que leur utilité, incite l'homme à tourner son âme vers les dieux qui l'ont créée.*

*Les moulins des dieux moulent très doucement, mais bien plus amère est la farine.*

*Ne juge pas ton ennemi, tu seras jugé par les dieux.*

*Lève les yeux et élève ton âme, toi qui cherches les dieux, tu les trouveras dans ce triste monde.*

*On sculpte des marionnettes dans le bois, aux figures de vieillards, que l'on actionne ensuite avec des fils, elles ont des rides sur le visage et des cheveux blancs et semblent de vrais vieillards.*
*À la fin de la comédie, elles redeviennent inertes.*
*Ainsi en va-t-il pour les hommes, ils traversent la vie comme s'ils participaient à une grande comédie dont les fils sont tirés par le destin.*

*Si nous pouvons vraiment nous apporter par nous-mêmes la richesse et la misère, alors les dieux n'ont pas de pouvoir ; si notre bonheur et nos désillusions dépendent de ce qu'autrui dit de nous, alors ce sont les commérages qui font le monde.*

*La foi en la justice des dieux est celle qui recoud les blessures du cœur avec un fil de lumière.*

*Si les dieux ne t'aident pas, ne réponds pas par un éternuement.*

*Pour une seule heure des hommes, les dieux ont travaillé mille ans.*

*Qui oublie les dieux dans la richesse ne les trouvera pas dans la misère.*

*Avec de vieilles sandales et une veste râpée, il est plus facile d'entrer dans le jardin des dieux.*

*Les dieux laissent faire, mais ne laissent pas toujours terminer.*

*En nous rapprochant des dieux, nous nous éloignons de ce que nous sommes pour nous rapprocher de ce que nous serons.*

*Quand les dieux le veulent, il peut faire soleil ou il peut pleuvoir.*

*Avant même que tu n'ouvres la bouche, les dieux savent ce qui t'attend.*

*C'est le cœur et non la raison qui sent la présence des dieux.*

*Le marteau d'or ne brise pas la porte du jardin des dieux.*

*L'homme est un grand prodige des dieux, l'art est un petit prodige de l'homme.*
*Qui a confiance en a bonté des dieux voit ses prières exaucées à tout moment.*

*Dans le livre des dieux, chaque larme et chaque sourire sont inscrits.*

*Amour et lumière : tels sont les deux témoins de la présence des dieux.*

*Les étoiles sont dans le ciel pour rappeler aux mortels l'objectif vers lequel ils doivent tendre.*

*Qui se passe des dieux a besoin de tous.*

*Tout ce qu'il y a sous le ciel est le bien de tous.*

*Les dieux voient tout, mais ils feignent de marcher la tête basse.*

*Les dieux attendent toujours l'arrivée du retardataire.*

*Chaque peine endurée est une marche gravie dans le palais des dieux.*

*La nature est parfaite ; sachons donc l'honorer.*

*L'univers est éternel, l'univers dure toujours, car il ne vit pas pour lui et peut donc durer longtemps.*

*Les grands fleuves et les mers devinrent les seigneurs des abîmes, parce qu'ils surent maintenir leurs eaux basses pour éviter les inondations.*

*Rien n'est plus souple et plus faible que l'eau, mais pour enlever le dur et le fort, rien ne la surpasse. Et rien ne saurait la remplacer.*

*Le ver à soie tisse son cocon et reste à l'intérieur, emprisonné ; l'araignée tisse sa toile et reste à l'extérieur, libre.*

*Un jardin particulier devrait comporter une partie rustique et inculte ; si celui-ci éblouit déjà par sa somptuosité, sa partie en friche coupera le souffle.*

*Tout l'univers est une auberge, n'y cherche pas un havre de paix : tous tes parents s'y trouvent, aussi attends-toi à des ennuis de tous*

*Quand le bateau est arrivé au milieu du fleuve, il est trop tard pour colmater la voie d'eau.*

*Un cœur droit émeut Ciel et Terre.*

*Agir est facile, savoir est difficile.*

*Tout ce qui est sous le Ciel a une origine, cette origine en est la mère.*

*La nature n'est pas courtoise, elle traite les hommes comme s'ils étaient des chiens fantoches voués au sacrifice.*

*L'univers ressemble à un soufflet ! Il est vide, mais il ne s'épuise pas, plus tu t'en sers et plus il produit de l'air.*

*Les jours et les mois passent comme le navette du tisserand.*

*Parvenu au zénith, le soleil commence à décliner.*

*D'une motte de glaise, on façonne un vase, le vide dans le vase en permet l'usage.*

*Les choses infinies prennent forme et deviennent actives, mais elles retombent ensuite dans leur état de quiétude. Il en va ainsi pour les plantes qui poussent, exubérantes et superbes, puis s'en retournent au sol d'où elles sont nées.*

*Parler rarement est conforme à la nature. Un tourbillon ne dure pas toute la matinée. Une averse ne dure pas toute la journée. Qui les produit ? Le Ciel et la Terre. Si les phénomènes du Ciel et de la Terre ne sont pas durables, comment les actions humaines le seraient-elles ?*

*L'homme imite la Terre, la Terre imite le Ciel, le Ciel imite le Tao qui n'a d'autre modèle que lui-même.*

*Le Ciel et la Terre s'unirent et une douce pluie tomba : indépendante de la volonté des hommes, elle répandit le bien partout avec équité.*

*Le grand Tao s'épand comme un flot, il est capable d'aller à droite et à gauche. Tous les êtres sont nés de lui sans qu'il en soit l'auteur.*
*Il accomplit ses œuvres, mais il ne se les approprie pas.*
*Il protège et nourrit tous les êtres sans qu'il en soit le maître, ainsi il peut s'appeler grandeur.*
*C'est parce qu'il ne connaît pas sa grandeur que sa grandeur se parachève.*

*Le soleil apparaît et le ciel devient limpide, le soleil apparaît et la terre devient stable, le soleil apparaît et les vallées sont comblées, le soleil apparaît et toutes les choses vivent et poussent. Sans le soleil le séisme peut secouer la terre, sans le soleil les vallées pourraient s'effondrer, sans le soleil qui donne la vie toutes les choses pourraient périr.*

*Le fracas des rochers qui s'écroulent est préférable au tintement du jade.*

*La souplesse vient à bout de la raideur.*

*Si le coucher du soleil est rouge comme du fard, s'il ne pleut pas il fera du vent.*

*Quand le monde vit en paix, les chevaux de course sont de nouveau utilisés pour tirer les chars pleins d'ordures : quand le monde vit en guerre, la cavalerie envahit les campagnes.*

*Celui qui sait se ménager ne rencontre ni rhinocéros ni tigre lorsqu'il voyage par la terre et ne porte ni cuirasse ni arme lorsqu'il pénètre au sein de l'armée adverse.*

*La terre crée tous les êtres, la terre les nourrit, la terre les façonne, la terre les fait croître et les développe, elle leur offre un abri, un endroit où vivre en paix, elle leur donne la vie et ne les possède pas, elle les aide et ne se les approprie pas. Elle leur est supérieure, mais ne les contrôle pas.*

*Au début de l'hiver, le paysan bouche les brèches, ferme les portes, démêle les enchevêtrements d'herbes sèches, éteint la lumière et étouffe le tumulte du vin parfumé dans les tonneaux. C'est là ce qu'il doit faire. Ainsi, la haine ne pourra plus le toucher, le malheur ne pourra plus l'atteindre, le déshonneur ne pourra plus le frapper, parce qu'il est détaché du reste du monde.*

*L'arbre dont tu parviens à embrasser le tronc a commencé par être une jeune pousse.*

*Une culture en terrasses sur neuf étages commence par une motte de terre.*

*En naissant, les hommes sont tendres et faibles, la mort les rend durs et raides. En naissant, les herbes et les arbres sont tendres et délicats, la mort les rend secs et maigres. ce qui est dur et raide accompagne la mort. Ce qui est tendre et faible accompagne la vie.*

*Le paysan dans son champ apprend toujours ce qu'il ne sait pas encore, il reconstitue ce qu'il a perdu en hiver, de sorte qu'il aide la nature sans pour autant vouloir s'imposer à elle.*

*Quand un arbre est dur, il doit être abattu.*

*Le vin dissipe la douleur et lorsque l'on est en goguette, c'est le meilleur moment ; nos élucubrations fantaisistes se transforment en poésies et d'excellents vers sortent spontanément de notre plume.*

*Il y a quatre règles pour vivre à la montagne : faire en sorte que les arbres ne soient pas disposés de manière artificielle, que les rochers ne soient pas mis en ordre, que les maisons ne présentent aucun luxe, que le cœur humain ne comporte aucun artifice.*

*On devrait voir l'ombre des fleurs dans l'eau, l'ombre des bambous sous la lune et l'ombre de la beauté derrière le rideau d'une porte.*

*Cache l'expression de ton antipathie personnelle dans un verre de vin ; dissimule ta pitié pour l'humanité dans tes poésies.*

*Traverse les montagnes célèbres comme tu lis les livres rares, en avançant à petits pas si tu es fatigué, ou en parcourant cent milles si tu t'en sens capable. Ne marche pas avec un chronomètre dans la tête, mais arrête-toi uniquement devant ce qui réjouit la vue et ton esprit.*

*L'amour des montagnes et des fleuves est bon et n'est pas nuisible. Se délecter de la lune, de la brise, des fleurs, des bambous est également bon.*

*Regarder la fleur de cerisier couverte de neige, examiner les chrysanthèmes pendant le gel et les couvrir de paille, soigner les orchidées pendant la pluie et humer leur parfum délicat, écouter les bambous onduler sous la brise : tel est le repos et la joie du campagnard, mais c'est aussi le moment le plus significatif pour ceux qui étudient la nature.*

*Quand le thé est bien préparé et que la fragrance de l'encens est pure, il est agréable de recevoir des amis chez soi ; quand les oiseaux gazouillent et les pétales des fleurs tombent, même la solitude est une joie pour l'âme.*

*Tu lis quand l'encens brûle et quand toutes les obligations humaines ont été accomplies, tandis qu'au-delà du paravent tous les pétales des fleurs tombent, la lune est montée sur la cime des pins et tout d'un coup, tu entends la cloche du temple : cet instant a plus de valeur que la journée entière.*

*Le vin et la poésie fournissent des occasions de délectations, mais la plus petite perte de liberté en fait un enfer.*

*En descendant le courant du printemps dans une petite barque, même l'esprit le plus conventionnel se sent moderne ; en écoutant la pluie tomber la nuit, en compagnie d'un verre de vin solitaire, même le cœur le plus fort se sent ému.*

*Dans un verre de vin, il y a un bagage de poésie.*

*Quand tombe une pluie fine, ferme la porte et, sans rien faire, allonge-toi sur un gros coussin, puise de l'eau de source et goûte différentes tasses de thé de saison, admire la lune brillante et écoute la brise délicate. Ainsi seulement tu connaîtras une parfaite sérénité.*

*Vue de cette montagne-ci, celle-là paraît plus haute.*

日 JI = SOLEIL

川 TCHUAN = EAU

山 SHAN = MONTAGNE

木 MU = ARBRE

人 JEN = HOMME

*N'écoute pas les autres, regarde seulement comment éclosent les fleurs, comment se fanent les fleurs, ne dis pas " Cet homme a raison ", " Cet homme a tort ", ne laisse pas fuir la lune scintillante parmi les fleurs et la brise délicate entre les pins, ferme ta porte et fais un bon petit somme.*

*La vie à la montagne présente huit avantages par rapport à la vie en ville : elle ne connaît pas de conventions strictes, ni de visiteurs étranges, on ne s'y enivre ni avec les vins ni avec les viandes, il n'y a pas de luttes pour la propriété, on ne redoute pas le traître, on ne se dispute pas sur ce qui est juste ou injuste, on n'imprime pas d'articles littéraires et même les commérages n'existent pas.*

*Quand la pluie a cessé et que l'air est frais, quand tu as peu d'affaires et que ton esprit est disponible, écoute le son de la flûte d'un voisin tandis que les longues notes poursuivent les clairs nuages et la pluie qui s'éloigne : il te semblera alors que chaque note tombe et s'enfouit dans ton âme.*

*Quand les oies sauvages crient dans le ciel et les nuages de la montagne assombrissent votre tour, quand mille vents ordonnent à la pluie d'avancer, installez-vous dans un petit lit pour y faire un somme et vos rêves seront faits de poésie.*

*La poésie réjouit l'esprit et le vin réjouit l'âme. Si la poésie amène à être jaloux de la célébrité d'autrui et le vin conduit à des disputes d'ivrognes, pourquoi ces deux choses font-elles plaisir à l'âme et l'esprit ?*

*Ne prononce pas d'opinions arbitraires, n'accroche pas ta douleur au bord de tes cils ; plante plutôt des fleurs et des bambous aux endroits qui leur sont destinés, élève des poissons et des poules, ce sont là des sources de joie.*

*Regarde la beauté comme tu regardes de beaux nuages et tes passions de mortel s'adouciront ; écoute le chant des flûtes comme tu écoutes l'eau s'écouler d'un fleuve limpide.*

*Quand l'eau se retire après un orage, les pierres apparaissent.*

*Un arbre vigoureux répand ses fruits aux alentours et ses branches font beaucoup d'ombre comme la famille qui se sépare lorsque les enfants ont grandi.*

*Si le vent est fort, cède au vent ; si la pluie est forte, cède à la pluie ; si le soleil brûle, protège ta tête.*

*Celui qui vit au bord d'un fleuve ou d'un étang connaît la nature des poissons, celui qui demeure sur les collines distingue le chant des oiseaux et sait où ils font leur nid.*

*Recouvre ton toit avant l'arrivée de l'hiver, creuse un puits avant l'arrivée de l'été.*

*Même quand tu as bien mangé, emporte des provisions de route ; s'il fait beau, emporte un parapluie.*

*Les gros poissons mangent les petits, les petits poissons mangent les crevettes.*

*Le lièvre ne broute pas l'herbe à proximité de son gîte.*

*Tu ne peux pas coudre sans aiguille et ne peux pas ramer sans eau.*

*Chaque rivière a sa source, chaque arbre a sa racine.*

*Attends que le fleuve Jaune ne soit plus trouble et tu vieilliras bien.*

*Il est préférable de souffrir sur terre et de dormir dessus, même sans natte, que de reposer en terre dans une grande natte.*

*Le martin-pêcheur et l'huître se disputent, le vieux pêcheur en tire profit.*

*Le ciel le sait, la terre le sait, vous le savez et je le sais : pendant l'année de l'âne fleuriront les arbres de fer.*

*Qui est sot reste dans un puits et de là regarde le ciel ; qui est au ciel, en revanche, ne doit pas regarder en vain dans le puits.*

*Qui ouvre la porte en regardant en haut salue le voleur qui entre par le bas.*

*Un grand arbre procure une grande ombre, un petit arbre ne peut procurer d'ombre qu'aux sots.*

*Le petit moineau poursuit le grand faucon.*

*Mon vieux balai vaut pour moi un trésor.*

*Le porcelet à peine acheté ne se nourrit pas de fèves et de son.*

*Quand le soleil disparaît derrière le riz, les oiseaux ne se rassasient plus.*

*Dans le brouillard, on ne voit ni le fleuve ni la montagne.*

*La fleur tombée de l'arbre ne revient plus sur la branche.*

*Les cabanes en chaume sont trop fragiles dans les rizières d'automne.*

*Si la floraison exubérante des cerisiers venait à manquer, le printemps serait une paix sereine.*

*Vouloir pêcher la lune dans l'eau, c'est peine perdue.*

*La poussière amassée et emportée par le vent peut former une montagne.*

*Graine non semée ne produit rien.*

*Il ramasse les graines avec ses ongles et les perd avec un tamis.*

*Regarde le ciel quand tu marches, car un oiseau peut s'envoler devant toi.*

*Après la pluie, le terrain se durcit.*

*L'homme et la femme sont sots lorsqu'ils regardent le ciel à travers le chas d'une aiguille.*

*Les fleurs ne parlent pas mais embaument.*

*Les abeilles piquent les visages de ceux qui pleurent toujours.*

*Il est bon de se mettre à l'ombre d'un grand arbre.*

*Dans un étang silencieux, on entend même le plongeon d'une grenouille.*

*L'escargot avance doucement et escalade la montagne.*

*La mouette naît sur les vagues et meurt sur les vagues.*

*La vague emporte tout ce qu'elle trouve.*

*Le chat et la souris ne suivront pas les même chemins.*

*Ce n'est pas au Ciel, ce n'est pas en pleine mer, ce n'est pas à l'intérieur de la caverne d'une montagne, ce n'est pas dans le coin le plus sombre de ta cabane que tu trouveras un endroit où échapper au châtiment d'une mauvaise action.*

*Qu'il pleuve, ô Ciel, quand tu veux ; abrite-toi, ô homme, quand tu peux.*

*Le soleil qui se couche aujourd'hui emportera avec lui un jour de la vie de tous.*

*Que peut voir du ciel la grenouille au fond du puits ?*

*Le poisson que l'on n'a pas pris est toujours le plus gros et l'hameçon qu'on utilise est toujours le plus petit.*

*L'oiseau au chant agréable est comme un porte-bonheur.*

*La fleur parfumée que l'on piétine ne cesse pas d'embaumer.*

*Le destin est comme un caméléon au sommet d'un arbre : il suffit qu'un garçon siffle pour qu'il change de couleur.*

*Le lac ne voudrait pas engendrer la boue, mais si l'eau s'agite, la boue apparaît.*

*Il faut dix ans pour faire pousser un arbre, il faut cent ans pour former les hommes.*

*Le vent se déplace plus vite que celui qui avance d'un pas sûr et rapide.*

*Quand les feuilles du figuier deviennent grandes comme des oreilles de souris, cela signifie que la nuit est aussi longue que le jour.*

*Quand l'eau monte, le bateau s'élève.*

*Qui a été mordu par un serpent redoute jusqu'à l'ombre d'une corde.*

*Une montagne de gouttes fait déborder le fleuve.*

*Parmi les mille observations d'un fou, il peut y en avoir une qui contienne une vérité.*

*Le bossu ne voit pas sa bosse.*

*La terre ne peut rivaliser avec la pierre, en revanche, la pierre peut très bien rivaliser avec la terre en devenant terre.*

*Plus l'arbre est grand, plus s'étend la fraîcheur de son ombre.*

*Si le tronc ne bouge pas, c'est en vain que s'agitent les branches.*

*Un chien reconnaissant vaut plus d'un homme ingrat.*

*Tandis que tu comptes les étoiles, la plus épaisse obscurité t'entoure.*

*Le mouton est destiné au couteau, le preux guerrier est destiné à tomber au combat.*

*L'existence est un océan et nous sommes les poissons qui vivent dans la mer. Le poisson a beau être immergé dans l'océan, comment peut-il le savoir ?*

*Je suis un seigneur, tu es un seigneur, il est un seigneur, nous sommes tous des seigneurs, mais le cheval, qui va l'étriller ?*

*Si tu veux te procurer du lait, choisis une jument, elle te donnera du lait même au cœur de l'hiver.*

*Si deux morceaux de bois sont secs et un troisième est vert, le morceau de bois brûlera avec les morceaux de bois sec.*

*Les nids d'hirondelles stériles sont inutiles sur des arbres.*

*Tu ne peux pas empêcher les oiseaux de la nuit de voler au-dessus de ta tête, mais tu peux les empêcher de faire leur nid dans tes cheveux.*

*L'été meurt toujours noyé par l'eau de l'automne.*

*La montagne tonne et se déplace, puis met au monde une petite souris.*

*En vieillissant les chevaux de race ne sont pas meilleurs que les chevaux de trait.*

## 月下獨酌

花間一壺酒
舉杯邀明月
月既不解飲
暫伴月將影
我歌月徘徊
醒時同交歡
永結無情遊

## 李白

獨酌無相親
對影成三人
影徒隨我身
行樂須及春
我舞影零亂
醉後各分散
相期邈雲漢

*Quand le soleil se couche, le bœuf s'effondre sur la charrue.*

*Mieux vaut un âne qui porte son maître et son fardeau qu'un cheval qui jette son maître à terre.*

*Quand le bœuf refuse la charrue, rien ne sert de le fouetter.*

*Le paysan tremble de froid pendant six mois et tremble de peur pendant les six autres mois.*

*Pour le champ, il faut quatre choses : un bon bœuf qui travaille, une bonne eau qui arrose, une bonne graine qui pousse et un bon paysan qui ne se repose jamais.*

*Ne sème pas le riz à l'approche des oiseaux.*

*Qui se repose et laisse reposer les champs en août doit s'attendre à des catastrophes.*

*Qui n'a pas de chat engraisse les souris et qui a un chat engraisse le chat et fait maigrir les souris.*

*Le temps est comme ta bourse : tu ne le perds pas et tu en auras suffisamment.*

*Le matin est né de la mère nuit.*

*Chacun de nous construit son propre dieu.*

*Le paysan prie qu'il pleuve, le voyageur qu'il fasse beau, les dieux hésitent.*

*Quand l'âne entre dans un temple, ce n'est pas pour autant qu'il deviendra moine.*

*La grenouille n'aime pas faire savoir qu'elle a été un têtard.*

*La nature refait toujours les mêmes choses de la même façon : les années, les jours, les heures, les nuits, et tout se répète à l'infini, pour nous dire précisément que tout est infini et éternité.*

*Le froid, le soleil, le vent, la pluie apprivoisent l'homme, la femme, l'animal et toute la terre dont ils sont les enfants.*

*Ne loue pas la lumière du jour tant que tu n'auras pas connu l'obscurité de la nuit.*

*Les fleuves sont des routes qui marchent et qui ne conduisent pas où nous voulons aller, mais où eux veulent aller.*

*Qui offense le Ciel n'a plus aucun secours.*

*En attendant le mal, essayons de faire le bien : cela nous ouvrira la voie du repos au royaume des dieux.*

# *L'humain*

*L'homme vertueux recherche les accords, l'homme vicieux recherche les torts.*

*L'homme bon n'est ni contrariant ni querelleur, l'homme querelleur n'est pas un homme bon.*

*L'homme sage ne sait pas beaucoup de choses, celui qui sait beaucoup de choses n'est pas un homme sage.*

*Le meilleur des hommes est semblable à l'eau, l'eau est bonne pour toutes les choses et ne nuit à aucune.*

*L'homme orgueilleux ne se distingue pas parmi les hommes.*

SYMBOLE DE LA NOBLESSE D'UN SAGE

*Qui connaît les autres est érudit, qui se connaît est sage.*

*L'homme qui parvient à voir les petites choses est clairvoyant.*

*L'homme équilibré ne se brûle pas facilement.*

*Celui qui a une prise solide ne laisse pas facilement ce qu'il possède.*

*Celui qui sait ne parle pas, celui qui parle ne sait pas.*

*L'homme courageux n'est pas violent, le bon lutteur ne perd pas son sang-froid.*

*L'homme supérieur prend la parole, l'homme vulgaire en vient aux mains.*

*N'ouvre pas ton cœur au taciturne renfrogné, ne délie pas ta langue au sot bavard.*

*Ne parle pas de ton succès personnel à quelqu'un qui n'a pas réussi, et n'oublie pas tes échecs au moment du succès.*

*Évite le lâche, mais ne t'en fais pas un ennemi personnel ; fréquente le gentilhomme, mais ne lui dis pas toujours oui.*

*Celui qui n'est pas fait pour s'asseoir au sommet,*
*mais qui insiste pour s'asseoir au sommet, est certainement un être frivole.*

*Celui qui ne sait pas être utile à la société et qui revêt donc le masque du cynique redoute de rencontrer le vrai héros.*

*Le vrai héros durcit sa nature, maîtrise son esprit ; le sot exhibe son savoir et ne se maîtrise pas.*

*Les Anciens accusaient le Ciel de leurs malheurs, les modernes accusent la Terre ; voila pourquoi ils déplacent les tombes de leurs ancêtres.*

*Celui qui vit dans les limites de ses capacités n'est pas tenté par l'impossible.*

*Celui qui ne goûte pas ses moments de bonheur ne peut être considéré comme heureux.*

*Bonheur et malheur se conditionnent et se suivent l'un l'autre.*

*Qui sème largement récolte largement ; qui sème peu récolte peu ; qui ne sème rien ne récolte rien.*

*Celui qui a des vues limitées ne peut pas avoir un cœur très grand ; celui qui a l'esprit mesquin et étroit ne peut voir loin et avancer facilement.*

*L'homme aux désirs désordonnés ne peut avoir des gestes généreux.*

*L'homme bavard ne peut avoir un esprit posé.*

*L'homme doté du courage physique ne peut être raffiné.*

*L'homme intelligent, souvent, est troublé.*

*L'homme loyal, souvent, se fatigue.*

*Celui qui amasse les richesses est riche matériellement mais pauvre d'esprit ; l'homme pauvre est riche spirituellement.*

*Celui qui n'économise pas en période de vaches grasses regrettent de ne pas l'avoir fait en période de vaches maigres.*

*Celui qui aime divulguer les secrets ne devrait connaître aucun secret ; à celui qui aime critiquer les affaires il ne faut pas confier d'affaires.*

*Le bonheur de l'homme réellement compétent se lit sur son visage ; l'homme heureux dissimule ses talents.*

*Celui qui fait le mal en craignant de le faire savoir possède encore un atome de bien dans son mal ; celui qui fait le bien et tient à le faire savoir possède une racine de mal dans son bien.*

*Celui qui s'indigne des ragots hypocrites attire les commérages ; celui qui approuve les flatteries attire les adulateurs.*

*Si le visage d'un homme n'exprime pas un peu de tristesse, ses pensées ne sont pas profondes.*

*Le général d'une armée vaincue n'est pas qualifié pour parler de bravoure.*

*Le fanfaron est rarement loyal, le beau parleur est rarement honnête.*

*Que le monde se moque de toi, passe, mais ne te fais pas ridiculiser par les dieux ; qu'un gentilhomme te dérange, passe, mais ne sois pas l'ami des gens vulgaires.*

*La vieillesse n'est pas un motif de regret pour l'homme ; le regret afflige celui qui a vieilli sans vivre.*

*Moi, homme, tant que j'ai des jambes, tant que j'ai des yeux, où que j'aille, je suis le seigneur des montagnes et des rivières, du vent et de la brise.*

*Quand tu fais quelque chose, agis toujours de façon à ne pas donner de motif de contentement à tes ennemis.*

*Les hommes se trompent, musulmans, chrétiens, juifs. Deux personnes seulement forment la secte universelle ; l'homme intelligent, sans religion et l'homme religieux, sans intelligence.*

*L'homme est celui qui s'assied sur une chaise à porteurs, l'homme est celui qui le transporte.*

*Tous les hommes ont un visage; comme tous les arbres ont une écorce.*

*Les hommes savants sont comme le blé et le riz, les hommes incultes sont comme les joncs et l'herbe.*

*Par la nature, les hommes se rapprochent beaucoup les uns des autres par l'éducation, ils deviennent très éloignés.*

*Avec les bons, tu seras bon, avec les mauvais, tu seras bon aussi afin de les rendre bons.*

*Qui connaît les autres est sage ; mais qui se connaît soi-même est perspicace.*

*Celui qui peut dominer les autres est fort, mais celui qui peut se dominer est tout-puissant.*

*Celui qui ne connaît pas la suffisance est riche.*

*Il est rare que l'homme arrive à cent ans, mais quand il les atteint quel avantage en tire-t-il ?*

*Le pauvre a des poux, le riche a des abcès.*

*Pour le sage, certaines choses sont fatigantes : les cérémonies d'un jour d'abstinence, les affaires qui durent plusieurs jours, une longue retraite au temple.*

*Pour le sage, certaines choses sont méprisables un homme réputé trop bon et un mur de terre écroulé.*

*L'habitude est une seconde nature.*

*L'homme poussé à bout saute le mur, le chien poussé à bout monte sur le toit.*

*Maudis un homme et il y aura deux tombes.*

*L'homme ne vit qu'une fois, mais sa réputation est éternelle.*

*Vis de façon à ne faire de mal à personne, telle est l'aspiration suprême.*

*Si un homme, au cours d'une bataille, bat mille guerriers, tandis qu'autre homme ne domine que lui-même ce dernier est le plus fort.*

*Le désir d'un homme insouciant se développe aussi librement qu'une liane.*

*Heureux les sourds et les aveugles, ils sont les seuls à vivre réellement, ils n'entendent pas les mots durs et ne voient pas le triomphe des mauvais.*

*Chaque jour, réfléchis en toi-même et pose-toi cette question : qu'ai-je en commun avec les bêtes et qu'ai-je en commun avec les hommes bons ?*

*L'homme n'apprend que dans les livres, tandis que la femme a été dotée par la nature de l'intuition.*

*Invite tous les gens que tu connais devant un unique bol : il sera facile de les persuader qu'ils sont frères.*

*Le pauvre habitant un quartier animé, personne ne s'intéresse à lui ; le riche au fond des forêts ne manque pas de parents éloignés.*

*Le sage n'est pas orateur, l'orateur n'est pas sage.*

*Si l'homme est lavé de tout péché, le vêtement qu'il porte est toujours beau.*

*Les hommes sont comme les vases qui contiennent dans le fond un suc amer et juste près du goulot un peu de miel. Celui qui y goûte se fait duper jusqu'à ce qu'il découvre son véritable contenu.*

*La maladie du vieil homme n'est soulagé que par un seul remède : la tombe.*

*Les hommes jouent une minute sur la scène de l'existence puis plongent dans les abîmes du néant.*

*Dans le cercle de l'existence, l'homme tranquille est à la fois la ligne de l'espoir et le point de la peur.*

*La pelure peut changer non la pulpe.*

*L'homme patient devient roi de la Chine.*

*Que tu sois un roi ou un Premier ministre, que tu sois un faucon ou un timide moineau, que tu sois un athée ou un ermite pieux, tant que tu ne te connaîtras pas toi-même, tu ne seras qu'un présomptueux.*

*Celui qui a peur de risquer sa vie, ou dépense son argent avec avarice, ne sera jamais ni chef, ni monarque et ne fera jamais de grandes conquêtes.*

*S'il te manque un cœur de guerrier, tu n'auras jamais d'armée.*

*L'homme est le miroir de l'homme.*

*Qui veut savoir quel goût a le monde doit goûter du fiel qui ne connaît pas le cœur humain ne voit qu'une fleur.*

*Plutôt vie pénible que mort paisible. (Plutôt souffrir que mourir.)*

*Le riche ne sait pas ce que sont les peines du pauvre.*

*Ayez des enseignements pour tout le monde, sans distinction de classes ou de rangs.*

*Abominable est l'homme qui fait un mauvais usage de son temps.*

*L'éloge rendu avec affection a plus de valeur que le grenier à blé.*

*Ne passe pas en toute hâte devant un étranger, offre-lui au contraire le double de ce que tu donnes à tes employés.*

*Ne ris pas d'un aveugle, ne te moque pas d'un estropié, n'humilie pas un bègue, demain ce pourrait être ton tour.*

*L'homme qui profère de méchantes paroles ne doit pas s'attendre à entendre de bonnes paroles.*

*La ruine d'un homme réside dans sa langue, veille à ne pas te nuire à toi-même.*

*L'homme connaît le vrai bonheur uniquement avec sa première compagne.*

*C'est la pauvreté qui dresse les hommes.*

*Puisque tu es un homme, n'annonce jamais ce qui arrivera demain, car les choses humaines se modifient plus vite que le battement des ailes d'une mouche.*

*Les hommes périssent parce qu'ils ne savent pas relier le début à la fin.*

*Tout petit est l'homme pour les dieux, comme l'est l'enfant pour l'homme.*

*Quels mauvais témoins sont les oreilles et les yeux des hommes quand ceux-ci ont des âmes de barbares.*

*Autant l'on ne peut attendre un discours d'un mort, autant l'on ne peut attendre un bienfait d'un avare.*

*Être un homme est un motif suffisant pour être triste.*

*Qui ne se souvient plus du bien qu'on lui a fait est vieux dans son âme.*

*C'est nus que nous venons au monde et nus que nous descendons sous la terre.*

*Mieux vaut vivre avec un seul compagnon et être libre et sans crainte que de servir une nombreuse compagnie.*

*Ne te comporte pas comme si tu devais vivre dix mille ans, l'inévitable te menace, tant que tu es en vie et tant que cela t'est possible, sois un honnête homme.*

*Si tu es riche, prends ton repas quand tu veux, si tu es pauvre quand tu peux.*

*Avec des compagnons de ripailles, il ne faut pas se lier.*

*Il ne s'est jamais vu d'homme qui ait vu vivre éternellement.*

*Si vous lisez dans un livre qu'un homme qui chante est vraiment heureux, sachez que celui qui l'a écrit est un rêveur qui ne parviendra à rien de bon en mille ans.*

*Si vous lisez dans un livre qu'un garçon répond sagement à un vieillard, sachez que celui qui l'a écrit n'a certainement pas d'enfants.*

*Si vous lisez dans un livre qu'un père aime son enfant, même si celui-ci est anormal ou mauvais, l'homme qui a écrit ce livre est certainement un sage.*

*Les hommes très modérés ouvrent les huîtres avec la force de leur volonté.*

*Le sot laisse tout de suite voir sa colère ; l'homme avisé dissimule l'injure.*

*L'homme qui tient à son ami des discours hypocrites ou flatteurs tend un épais filet de corde autour de ses pas.*

*Le gouvernement de l'homme judicieux sera stable.*

*Il n'y a que l'homme plein d'humanité qui puisse aimer véritablement les hommes, et qui puisse les haïr d'une manière convenable.*

*L'homme supérieur est celui qui d'abord met ses paroles en pratique, et ensuite parle conformément à ses actions.*

*Si la pensée est sincèrement dirigée vers les vertus de l'humanité, on ne commettra point d'actions vicieuses.*

*L'homme qui offre ne dit pas : " Viens chercher ".*

*Ne crée jamais d'ennuis à un homme dont la femme est enceinte et dont le grenier à blé est plein.*

*Tel maître, telles bêtes.*

*L'homme supérieur se conduit toujours conformément à la droiture et à la vérité, et il n'a pas d'obstination.*

*Si les expressions dont on se sert sont nettes et intelligibles, cela suffit.*

*Faites-vous un devoir de pratiquer la vertu de l'humanité et ne l'abandonnez pas même sur l'injonction de vos instituteurs.*

*La guerre utilise le meilleur de l'homme pour réaliser le pire des maux.*

CABANE D'UN ERMITE ET STÈLE COMPORTANT UNE INSCRIPTION TROUVÉE À L'ENTRÉE

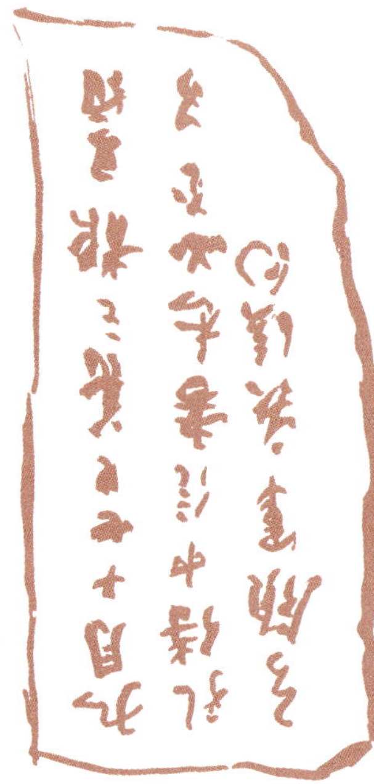

*Les hommes ont tendance à se marier et ce faisant ils s'épargnent de lourdes peines.*

*De même que l'on ne confie pas d'objets coupants à un enfant, il ne faut pas confier à un homme plus de pouvoir qu'il ne sait utiliser.*

*Quand un homme devient célèbre, nombreux sont ceux qui aussitôt déclarent l'avoir très bien connu à l'école.*

*Les promesses faites hier par le nouveau mandarin sont les impôts d'aujourd'hui.*

*Il y a un peu de bonté dans le pire des hommes, un peu de méchanceté dans le meilleur d'entre eux.*

*Les bonnes actions ne sont pas connues au-dehors des mauvaises actions dont on parle à cent lieues.*

*Le souvenir des faits passés est un enseignement pour l'avenir.*

*Les hommes vulgaires ne connaissent pas les décrets du Ciel, et par conséquent ils ne les révèlent pas ; ils font peu de cas des grands hommes et ils se jouent des paroles des saints.*

*L'homme prononce des mots malveillants non contre les malheureux, mais contre ceux qui ont eu de la chance.*

*En face d'un homme, ne vas pas mentir, en face d'un homme perspicace, ne dissimule pas.*

*L'homme est par nature crédule ou incrédule, timide ou téméraire, selon ce qui l'arrange.*

*Les hommes n'ayant pu mettre un frein à la mort, à la misère, à l'ignorance, ont décidé pour vivre heureux de ne pas y penser.*

*Préviens le mal avant qu'il ne soit. Mets de l'ordre avant que n'éclate le désordre.*

*Quand l'homme fort, courageux et armé protège ses biens et sa famille, ce qu'il possède est à l'abri.*

*Tout homme est esclave de la vanité.*

REPROCHES D'UN MARI

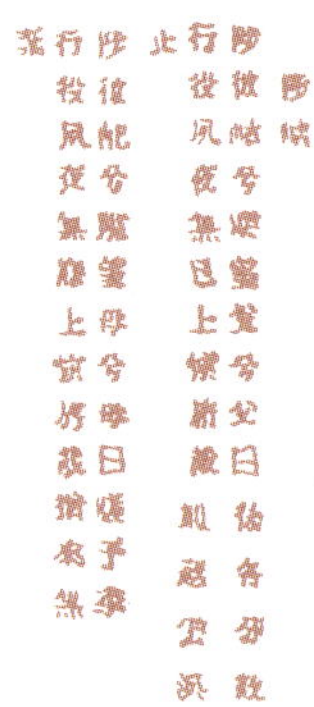

*La pensée rend l'homme plus grand qu'une montagne.*

*La bonté supérieure est comme l'eau qui est apte à favoriser tous les êtres et ne rivalise avec aucun.*

*La caractéristique d'une grande vertu réside dans son adhésion exclusive au Tao.*

*La grandeur de l'homme est telle qu'elle transparaît dans sa misère.*

*Dans le ciel il n'y a pas deux soleils, dans un pays il n'y a pas de place pour deux rois.*

*À vouloir être trop malin, on est parfois victime de sa propre malice.*

*Deux choses nuisent à un homme : le danger et la femme. C'est pour cela que son jouet le plus dangereux est la femme.*

*Un homme honnête ne se bat pas avec une femme, un bon chat ne se bat pas avec un chien.*

*L'homme est l'animal le plus courageux de la terre,*
*c'est pourquoi, il a dominé tous les autres*
*animaux.*
*Il a aussi su dominer chacune de ses douleurs, mais la douleur*
*d'être homme reste la plus profonde.*

*Les hommes bons ne disent jamais la vérité ; elle reste dans leur gorge pour ne pas faire souffrir leur prochain.*

*La chose la plus étrange chez un homme sage, c'est qu'il parle de tout avec bon sens et perspicacité.*

*Puisque tu es sous un auvent bas, comment oses-tu ne pas baisser la tête ?*

*Un homme dépourvu d'estime et de réputation est comme un très bel oiseau sans voix ni queue.*

*Quand l'homme souffre, il doit se montrer patient et espérer, parce que le jour succède toujours à la nuit.*

*La hardiesse de l'homme mauvais n'est faite d'autre chose que de la lâcheté de l'homme probe et bon.*

*L'amour, dans la vie d'un homme, a une valeur déterminée mais dans la vie d'une femme, c'est l'essentiel.*

*Les sages ont écrit que l'on trouvera toujours des hommes bons, mais bons et sages jamais.*

*La caractéristique du sot est qu'il cherche à être malin.*

*Ce qui gâche la vie de l'homme, c'est qu'il parle beaucoup et sait peut, dépense beaucoup et possède peu, présume beaucoup et vaut peu, mange beaucoup et boit encore plus.*

*L'homme qui lit beaucoup devient un sage, mais celui qui observe en sait beaucoup plus que l'homme sage.*

*L'homme qui te semble heureux est souvent plus malheureux que toi.*

*Aucun homme ne peut être heureux s'il n'a pas d'estime pour lui-même.*

*L'homme qui réussit à vaincre ses habitudes reste toujours jeune.*

*Dans les grandes douleurs se révèle le sage, dans les épreuves prospèrent les nations.*

*La tradition conduit l'homme à de nombreuses folies, la plus grande étant la soumission.*

*Qui parle trop commettra des erreurs, qui mange trop nuit à sa santé.*

*À l'homme malhonnête, le hasard est très utile.*

*Les portes des jardins célestes seront grandes ouvertes à l'homme qui était pur lorsqu'il est venu au monde et qui l'est encore lorsqu'il en sort.*

*L'homme qui méprise les petites joies n'apprécie pas beaucoup non plus les grandes.*

*L'argent est un trésor mort, des enfants sont un trésor vivant.*

*De même que l'homme qui ne croit pas parle de foi, l'homme injuste parle de justice.*

*Il n'existe pas d'hommes qui ne connaissent pas la souffrance, et s'il y en a un, celui-là n'est pas un homme.*

*Les joies sont le char de l'homme, les douleurs les éperons qui s'enfoncent dans son cheval.*

*L'homme commande quand il peut, la femme obéit quand elle veut et quand elle croit vouloir.*

*Le jade, s'il n'est pas travaillé, ne devient pas un objet utile ; l'homme s'il n'est éprouvé que sait-on de sa vertu ?*

*L'homme tranquille devient le guide de l'univers.*

*L'homme qui aime la violence mourra certainement par la violence.*

*Les hommes devraient refuser de faire de petites chose avant d'avoir fait de grandes choses.*

*Tuer un homme avec un bâton ou avec une épée, ce n'est pas la même chose ; tuer un homme avec une épée ou avec des mesures gouvernementales, ce n'est pas la même chose ; ce qui traverse la pensée d'autrui, on peut le lire par la réflexion.*

*Ce n'est que lorsque l'homme a du mépris pour lui-même que les autres ont du mépris pour lui ; ce n'est que lorsqu'il détruira sa famille que les autres le détruiront.*

*En période de vaches grasses, les enfants des hommes sont presque toujours bons ; en période de vaches maigres, ils sont presque toujours mauvais.*

*La bonté est la juste qualité que l'homme doit posséder en abondance, la justice est le juste chemin que l'homme doit suivre.*

*Désirer ce qui est péché est la tendance naturelle des hommes. Tout homme a en lui de la bonté mais il ne parvient pas à la découvrir parce qu'il ne réfléchit pas.*

*Ce que le peuple considère généralement comme honorable, une charge honorifique par exemple, n'est pas vraiment honorable, car celui qui est honoré par Chao Meng peut également être déshonoré par Chao Meng.*

*En étudiant les défauts d'un homme, on découvre son caractère.*

*L'homme qui commet une faute et ne la répare pas en commet une deuxième.*

*On constate toujours que le vrai homme, c'est-à-dire l'homme large d'esprit, est courageux ; en revanche on ne constate pas toujours que l'homme courageux possède une véritable grandeur d'âme.*

*L'homme qui aime la vérité ou le savoir est meilleur que l'homme qui la connaît et l'homme qui trouve le bonheur est meilleur que celui qui l'aime.*

*Il faut payer par l'équité la haine et les paroles impures et les bienfaits par des bienfaits.*

*L'homme supérieur ne donne pas d'élévation à un homme pour ses paroles ; il ne rejette pas de paroles à cause de l'homme qui les a prononcés.*

*Les hommes restent submergés par ce qui les entoure, auquel ils sont attachés.*

*L'éloquence cause des problèmes à l'homme trop bavard, car parler signifie prononcer un grand nombre de mots et s'il est facile de les laisser échapper, il est difficile de revenir là-dessus.*

*L'homme mesquin souvent a des embêtements, parce qu'il n'a pas l'esprit ouvert.*

*Ceux qui vivent avec extravagance sont enclins à l'orgueil ; ceux qui vivent avec simplicité sont enclins à la vulgarité. Préférez les vulgaires aux orgueilleux.*

*Le gentilhomme se donne tort à lui-même, l'homme vulgaire donne tort aux autres.*

*Soyez sévères envers vous-mêmes et indulgents envers les autres, alors vous éloignez de vous les ressentiments.*

*L'homme qui ne réfléchit pas et ne fait de projets à long terme verra son toit se détériorer ainsi que le seuil de sa maison.*

*L'homme qui ne sait pas supporter les petits ennuis et ne se contente pas de légers avantages, mais veut uniquement des avantages consistants, fera souvent tomber à l'eau de grands projets.*

*Ne pas se révolter d'être trompé par les hommes, ne pas se prémunir contre leur manque de foi, lorsque cependant on l'a prévu d'avance, n'est-ce pas là être sage ?*

*Un homme qui possède de merveilleux talents n'est toutefois pas digne d'un regard s'il est orgueilleux et égoïste.*

Invocation d'un sage

*Si l'homme supérieur, ne montre pas prudent vis-à-vis de lui-même et dans son comportement vis-à-vis des autres, alors il n'est pas un homme noble.*

*Quand vous voyez un sage, réfléchissez en vous même si vous avez les mêmes vertus que lui. Quand vous voyez un homme pervers, rentrez en vous-même et examinez attentivement votre conduite.*

*Celui qui s'est une fois plié soi-même ne peut plus redresser les autres hommes.*

*On peut tuer le commandant d'une grande armée, mais l'on ne pourra jamais détruire l'ambition de l'homme vulgaire.*

*La vertu ne va pas seule, elle a toujours des imitateurs.*

*L'homme réfléchit à tous les problèmes qui concernent le comportement de l'homme, mais il ne réfléchit jamais à son propre comportement.*

*Pour l'homme tout le genre humain se résume à un seul homme ; pour le sage, qui aime vivre en harmonie avec les principes de la véritable humanité, le genre humain semble simplement un poids à traîner.*

*L'homme, qui au plus profond de son cœur, sent qu'il est heureux, spontané et généreux, voit dans le genre humain un seul homme à aider et à comprendre.*

*Quand l'homme supérieur apparaît en public, il doit toujours se comporter comme s'il recevait chez lui des personnes dignes de beaucoup d'estime.*

*Quand un homme gouverne le peuple, il doit se comporter comme s'il était en train d'adorer les dieux.*

*Quand un homme ne veut pas qu'on lui fasse ce qu'il ne fait pas aux autres, tout le monde est satisfait.*

*L'homme supérieur ne critique pas les autres pour des erreurs qu'il commet lui-même et n'incite pas les autres à avoir honte de leur fautes.*

*L'homme qui s'éloigne du droit chemin par faiblesse est un lâche. L'homme qui combat sa faiblesse pour ne pas s'éloigner du droit chemin est fort et sage.*

*Lorsqu'il est humble et pieux, l'homme commet rarement d'erreurs.*

*Quand il est doté d'un cœur sincère, l'homme est digne de confiance ; quand il est doté d'un caractère simple, l'homme est généreux et se trompe rarement en jugeant les autres.*

*L'homme qui réussit à éviter l'agressivité, l'orgueil, la rancune et l'avidité est un homme supérieur.*

*L'homme supérieur ne doit pas être un beau parleur plus il parle pour défendre sa personne et plus les gens les haïssent. À quoi sert-il alors d'être beau parleur ?*

*Celui qui n'est pas un homme supérieur ne peut supporter longtemps la pauvreté, celui qui est un homme supérieur ne peut supporter longtemps la richesse, l'homme sage estime qu'il est plus intéressant d'adopter un comportement conforme aux principes de la vraie humanité.*

*L'homme peut agrandir la voie de la vertu, la voie de la vertu ne peut pas agrandir l'homme.*

*L'homme supérieur ne doit pas un seul instant agir contrairement aux vertus de l'humanité. Dans les moments les plus pressés, comme dans les plus confus, il doit s'y conformer.*

*Les fautes des hommes sont relatives à l'état de chacun. En examinant attentivement ces fautes, on arriva à savoir si leur humanité était une véritable humanité.*

*L'homme sage ne connaît aucune incertitude.*

*Le vrai homme ne doit jamais connaître la douleur.*

*L'homme courageux ne doit pas savoir ce qu'est la peur.*

*L'homme supérieur comprend ce qui est juste, l'homme vulgaire comprend uniquement ce qui lui sera utile.*

*L'homme supérieur fixe ses pensées sur la vertu ; l'homme vulgaire les attache à la terre. L'homme supérieur ne se préoccupe que de l'observation des lois ; l'homme vulgaire ne pense qu'aux profits.*

*L'homme supérieur n'oublie jamais la façon dont il fut puni pour ses erreurs. L'homme vulgaire se souvient toujours des avantages qu'il obtient.*

*L'homme supérieur écoute les avis d'autrui, même s'il ne les partage pas complètement. L'homme vulgaire est totalement d'accord avec les autres mais il n'est pas tolérant à leur égard.*

*L'homme qui sert son empereur et qui, par trois fois, voit son avis rejeté et cependant n'abandonne pas son pays, n'aime pas la justice mais les honneurs et l'argent.*

*L'homme supérieur a des idées larges à l'égard de tous, l'homme vulgaire est partial et incapable d'avoir des idées larges. L'homme supérieur s'occupe des choses spirituelles et non de son propre bien-être, faites-lui cultiver une ferme et il mourra de faim, laissez-le se consacrer à ses études et il s'enrichira.*

*L'homme supérieur ne fait que progresser. L'homme vulgaire ne fait que régresser.*

*L'homme d'étude dont la pensée est dirigée vers la pratique de la raison, mais qui rougit de porter de mauvais vêtements et de se nourrir de mauvais aliments, n'est pas encore apte à entendre la sainte parole de la justice.*

*Honte à l'homme supérieur dont les discours sont plus louables que les actions !*

*Quand un homme a plus de valeur qu'il ne le laisse croire, cet homme semble gauche.*

*Quand un homme laisse croire qu'il a plus de valeur que ce n'est le cas, cet homme semble bien éduqué.*

*L'homme des anciennes générations était primitif, grossier dans ses rites et sa musique. Mais en neuf générations, il s'est raffiné dans ses rites et sa musique. Choisis toujours l'homme des anciennes générations, en lui tu trouveras la vérité.*

*L'homme qui paraît digne et austère, mais qui intérieurement est vide et corrompu, est semblable au voleur mesquin qui entre en cachette dans une maison pendant la nuit à travers une petite ouverture.*

*Il est difficile que le bavard aux façons persuasives puisse être un homme supérieur.*

*L'homme sage ne juge pas une personne sur ses paroles : dans un milieu érudit, il peut avoir affaire à des manières brillantes ; dans un milieu inculte, il peut assister à un discours brillant.*

*Il est rare qu'un homme qui est un bon fils et un bon frère ne respecte pas la loi ; il est impossible qu'un homme respectueux de la loi veuille fomenter la révolte et soit un bon fils et un bon frère.*

*L'homme supérieur se perfectionne grâce à l'éducation et à la culture, et sa règle de vie est de bien se comporter : cet homme ne s'écartera jamais des bons principes.*

*Rendez-vous complètement maître de ce que vous venez d'apprendre, et apprenez toujours de nouveau ; vous pourrez alors devenir un instituteur des hommes.*

*Dans l'Antiquité ceux qui se livraient à l'étude le faisaient pour eux-mêmes, maintenant ceux qui se livrent à l'étude le font pour paraître instruits aux yeux des autres.*

*Ceux qui naissent sages sont semblables aux dieux, mais nul ne naît sage, aussi nul n'est semblable aux dieux. La sagesse s'acquiert avec le temps.*

*L'homme moral s'adapte aux circonstances de la vie.*

*L'homme moral ne désire pas échapper à sa condition.*

*Les paroles artificieuses pervertissent la vertu même ; une impatience capricieuse ruine les plus grands projets.*

*L'homme supérieur s'élève continuellement en intelligence et en pénétrations ; l'homme sans mérites descend continuellement dans l'ignorance et le vice.*

*Quand un homme se trouve dans une position élevée, il ne doit pas pour autant tyranniser les autres hommes. Quand un homme se trouve dans une position subordonnée, il ne doit pas pour autant se montrer servile dans le but de monter en grade.*

*L'homme juste doit surveiller et maîtriser son comportement et ne rien demander aux autres, il ne doit pas se plaindre auprès des dieux, ni invectiver contre les hommes.*

*L'homme ne doit pas se fier aux amis qui n'ont pas confiance en lui.*

*Quand un homme est attaché à ses parents tout le monde a confiance en lui.*

*Lorsqu'un homme à l'écoute de son cœur, n'est pas sincère avec lui-même, il ne sera pas attaché à ses parents et n'obtiendra pas la confiance des autres homme.*

*Quand un homme ne sait pas ce qu'est le bien, il ne peut pas être sincère avec lui-même.*

*Les hommes sobres et sages des temps passés sont tombés dans l'oubli ; seuls les grands ivrognes restent toujours célèbres.*

*L'homme devient vivant quand il s'unit à l'esprit vital.*

*L'homme haï par l'homme que tu hais est une brave personne.*

*L'homme qui possède des connaissances dans de nombreux domaines peut être superficiel ; l'homme qui ne connaît qu'un seul domaine peut être pervers.*

*On a tendance à penser qu'un homme condamné à mort ou emprisonné est coupable, mais très souvent il est reconnu coupable parce qu'il ne plaît pas.*

*Si on te dit qu'un homme s'est enrichi, n'y crois pas, si on te dit qu'un homme est plongé dans la misère, crois-y, car les malheurs des autres suscitent la vérité.*

*Aux yeux du sage, le cœur de l'homme est un gouffre sans fond, gouffre formé par ses désirs infinis.*

*Les hommes sont comme les gâteaux des condamnés à mort : ils sont nappés de miel et fourrés de fiel.*

*Homme, si tu sais parle, sinon médite et appuyé à la première colonne du temple, écoute ton cœur et la vérité de ton âme.*

*Les hommes oisifs qui disent : “ Nous n’avons rien ” seront pris en dérision par notre veille mère la Terre.*

*Celui qui, malgré son affliction, garde ses peines pour lui est un vrai homme.*

*Seuls les sots parlent de la faiblesse de l’homme, de la femme, de l’enfant. L’homme n’est pas faible car il défend sa femme, la femme n’est pas faible car elle défend son enfant, l’enfant lui est faible jusqu’à ce que lui-même défende sa femme et son enfant.*

*Quand un homme vulgaire insulte un homme sage, l’homme sage s’enferme dans le refuge inébranlable de la patience.*

*Celui qui connaît les principes de la droite raison n’égale pas celui qui les aime ; celui qui les aime n’égale pas celui qui en fait ses délices et les pratique.*

*L’homme qui freine la colère naissante tel le flot tumultueux du fleuve qui gonfle, est un vrai héros ; les autres ne font que retenir leurs instincts par la bride.*

*Pas même une pluie de pièces d’or ne peut satisfaire les désirs de l’homme avide.*

*L’or apporte une brève joie et de longues peines à l’homme avide. Sage est celui qui, admettant ce principe, fuit l’or quasiment comme la peste.*

*L’homme qui a commis une mauvaise action ne pourra jamais la cacher, ni au milieu de l’océan, ni au sommet de la plus haute montagne, ni au cœur de la forêt.*

*Si un homme, dans une cruelle bataille, bat et détruit mille ennemis, et un autre homme gagne une bataille contre le vice et l'obscénité, ce dernier est beaucoup plus sage que le premier parce qu'il n'attire pas contre lui la colère de l'ennemi vaincu.*

*La voix du cœur de l'homme qui arrive jusqu'au cœur du sage rend l'âme du sage semblable à un lac profond, calme et limpide.*

*L'homme qui, l'esprit tourné vers les plaisirs sensuels, cueille des fleurs sans s'apercevoir de la tempête, est emporté par la mort comme un fleuve déchaîné engloutirait un village endormi.*

*L'homme prudent a peu de chances de perdre sa vie par une inattention ; l'homme irréfléchi et impulsif est déjà comme mort, même s'il est en vie.*

TÊTE TRADITIONNELLE DE BOUDDHA

*Aussi affable que puisse être, sur d'autres plans, un homme à qui ne plaisent pas les femmes, il est en réalité une pauvre chose, car il est semblable à une coupe de pierres précieuses sans fond.*

*L'homme doit entourer sa maison de fécondité et d'affection, comme le soleil entoure en un seul jour la mère terre de fécondité et d'affection.*

*Il n'est pas permis à l'homme de tourmenter et d'opprimer les autres hommes, parce qu'en se comportant ainsi, il demande à autrui de lui prêter sa force.*

*L'homme ne vit qu'une seule fois, mais la réputation de l'homme sage dure pour l'éternité.*

*C'est au printemps que l'on fait les plans pour l'année ; c'est le matin que l'on fait les plans pour la journée ; c'est l'harmonie qui fait la règle de la famille.*

*Ceux qui aiment les autres seront toujours aimés en retour.*

*Celui dont l'unique objectif dans la vie est le commerce n'a pas en lui la sagesse.*

*Là où l'absence d'un homme se fait sentir, efforce-toi d'être un homme.*

*Les jours de l'homme sont comptés comme l'herbe d'un pré. Il naît et fleurit au printemps et meurt lorsque survient la froide tramontane.*

*Avoir assez d'empire sur soi-même pour juger les autres en les comparant à nous, et agir envers eux comme nous voudrions que l'on agisse envers nous-mêmes, c'est ce que l'on peut appeler la doctrine de l'humanité, il n'y a rien au-delà.*

*Comment sortir d'une maison sans passer par la porte ? Pourquoi donc les hommes ne suivent-ils pas la droite voie ?*

*L'homme peut vaincre ses plus grands défauts par le travail. Ceux-ci sont ne l'oublie pas : l'ennui, la convoitise, le besoin.*

*Le sage ne doit pas se montrer prétentieux parce qu'il est érudit, mais il doit discuter aussi bien avec l'ignorant qu'avec la personne cultivée.*

*L'homme se déshonore par le vol, jamais par le travail.*

*L'œil de l'homme sage est aveuglé quand le destin frappe à sa porte.*

*Changer fleuves et monts est facile, changer son caractère est difficile.*

*Si l'on ne s'étonne pas à la vue d'une chose étrange, il n'y a plus rien d'étrange.*

*Le sage sait assurer la sécurité de sa personne.*

*Le sage, où qu'il aille, à pas rapides ou à pas très lents, possède toujours un esprit plus rapide que le vent.*

*Le sage affronte de plus grands dangers au milieu de la foule que dans la solitude.*

*Lorsque le sage qui vit dans la loyauté dort du sommeil du juste, son cœur lui sert de sentinelle contre l'ennemi.*

*L'homme intelligent et désireux de s'instruire ne rougit pas d'interroger un inférieur.*

*Seuls les grands sages ont les plus grands défauts et savent les reconnaître.*

*Un homme méchant peut rendre méchants cent hommes honnêtes, mais cent hommes honnêtes ne suffiront jamais pour rendre honnête un homme méchant.*

*Les promesses de l'homme en danger seront tenues quand les chênes donneront des citrons et les plantes donneront des fleurs de fer.*

*L'homme qui lit est très savant, mais il ne voit pas loin ; l'homme qui observe est beaucoup plus savant, car il peut voir très loin.*

*Vous qui gouvernez les affaires publiques, qu'avez-vous besoin d'employer les supplices ? Aimez la vertu, et le peuple sera vertueux. Les vertus d'un homme supérieur sont comme le vent : les vertus d'un homme vulgaire sont comme l'herbe ; l'herbe, lorsque le vent passe dessus, s'incline.*

*L'homme est comme un fruit : il est d'abord vert, puis mûrit, puis pourrit, puis se décompose. Un fruit vert se conserve, un fruit mûr non.*

*Quand un homme a vécu jusqu'à la fin de ses jours, puis est mort content, le cœur en paix, sa matière se décompose et tout est fini. Tel est le sort du sage.*

*Le cœur de l'homme est le cœur du Ciel et de la Terre.*

*La vie humaine concerne le Ciel.*

*Le noble n'écoute jamais le vilain.*

*L'homme insatisfait et malheureux vit exactement aussi longtemps que l'homme satisfait et heureux.*

*Le plaisir du grand homme est de pouvoir rendre les autres heureux.*

*L'homme devient le plus malheureux du monde parce qu'il ne sait pas qu'il a été le plus heureux du monde.*

*Le bonheur passe aussi vite que la foudre dans la vie de l'homme qui est heureux, le malheur passe en revanche très lentement pour l'homme malheureux et prolonge la durée de sa douleur.*

*L'homme le plus heureux est celui qui peut apporter le bonheur aux autres même avec un peu de riz.*

*Si tu vois un homme se faire renverser par une voiture, ne le retiens pas, car au lieu de te remercier de lui avoir sauvé la vie, il te reprochera de lui avoir sauvé la vie, il te reprochera de lui avoir arraché son vêtement.*
*(Favoriser les ingrats est mauvais pour eux et pour ceux qui leur rendent service.)*

*L'homme ne se mesure pas à sa taille, mais à sa force et à sa valeur.*

*La vie de l'homme dure cent ans, mais ses soucis durent mille ans.*

*C'est surtout dans l'adversité que doit se révéler la force d'âme.*

*Un homme sans affection est comme une maison sans portes, ni fenêtres.*

*L'homme à tout âge n'est jamais parfait.*

*L'homme se révèle lorsqu'il met la main à sa bourse, lorsque sa pensée est offusquée par la colère, lorsqu'il lève trop haut son verre.*

*Un homme s'évalue à son cerveau, comme un couteau s'évalue à sa lame.*

*Quand un homme boit trop, il ne peut pas même être échangé avec la plus petite pièce.*

*L'homme qui, dans la vie, ne sait pas lutter, devient bien vite un homme d'argile.*

*Pour l'homme sage, il est préférable d'avoir beaucoup d'intelligence et peu d'honneurs.*

*Quand l'homme naît il voit de très loin, quand il meurt, il voit de très près.*

*Les hommes sont comme les montagnes couvertes de neige. Il faut prendre beaucoup de recul pour pouvoir en apprécier la vraie hauteur et l'immense beauté.*

*L'homme de troisième ordre n'est satisfait que lorsqu'il pense comme tout le monde ; en revanche l'homme de deuxième ordre n'est satisfait que lorsqu'il pense comme une minorité ; l'homme de premier ordre n'est satisfait que lorsqu'il pense comme lui-même.*

*On peut tromper les gens, on ne trompe pas le Ciel.*

*L'homme qui est ferme, patient, simple et naturel, sobre en paroles, approche beaucoup de la vertu de l'humanité.*

*Les principes de conduite étant différents, on ne peut s'aider mutuellement par des conseils.*

*La suffisance appelle la ruine, la modestie se voit comblée.*

*Le chat pleure le rat, pitié hypocrite.*

*Il est facile d'esquiver un coup de lance donné ostensiblement, il est difficile de se garer d'une flèche lancée traîtreusement.*

*L'homme perspicace ne traite pas d'affaires louches.*

*Accumule le savoir comme tu accumulerais les richesses.*

*La pauvreté n'est pas un déshonneur : le déshonneur, c'est être pauvre et sans ambition.*

*Vivre n'est pas méprisable, mais celui qui vit modestement parce qu'il ne sait rien faire est méprisable.*

*La mort n'est pas cause de douleur : la douleur afflige celui qui meurt sans avoir fait le bien autour de lui.*

*Un talent permet de gagner sa vie, trop de talents rendent esclave.*

*Si tu rencontres un vieil ami et engages avec lui une conversation, la discussion se prolongera au cœur de la nuit.*

*Avec des gens intelligents, pas besoin de longues explications ; un bon tambour ne demande pas qu'on le frappe lourdement.*

*Qui trop aime le renom doit le payer très cher ; qui trop amasse subit de lourdes pertes.*

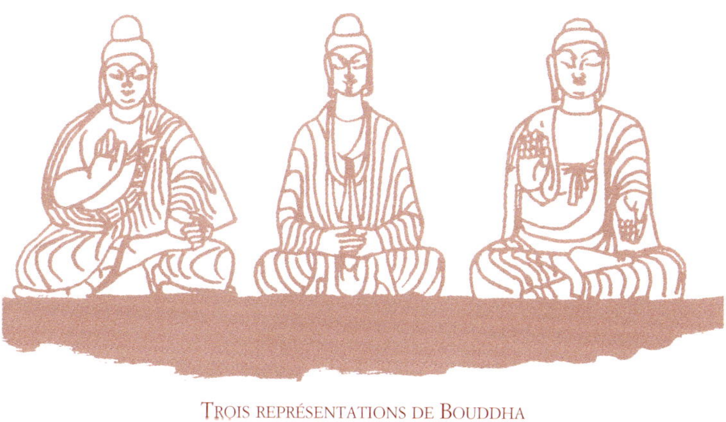

Trois représentations de Bouddha

# L'amour

*Il est très rare que l'amour dure aussi longtemps : aussi, celui qui aime passionnément finit-il par guérir de l'amour.*

*Aime tes parents comme tu aimerais ta femme et tes enfants.*

*Une jeune fille qui séduit par ses regards n'est pas chaste ; un homme d'études qui attire par son savoir n'est pas honnête.*

*Un héros peut être disposé à perdre le monde, mais il ne sera jamais disposé à perdre sa femme et son cheval.*

*L'œil de l'amant voit une déesse en sa bien-aimée.*

*Mariée à un coq on suit le coq, mariée à un chien on suit le chien.*

UN ENNEMI C'EST TROP,
MILLE AMIS,
C'EST TROP PEU

*Jeune fille, n'épouse jamais un étudiant, car tu seras abandonnée jour et nuit. Quand ton mari aura fait carrière, il rentrera en ramenant sa concubine.*

*La jeune fille donnée en mariage est comme de l'eau renversée.*

*L'amour ne fait pas de distinctions entre grands et petits.*

*L'homme et la femme, si loin soient-ils, sont toujours trop proches.*

*La médecine peut guérir le corps, elle ne peut guérir le cœur.*

*Regarde les femmes la nuit et de loin.*

*Seul celui qui a des enfants peut comprendre l'amour parental.*

*Tant qu'on a une mère, on est bien protégé ; quand on la perd, on reste sans défense.*

*Le pleur est la force de l'enfant, la ruse est la force de la femme, les armes sont la force des brigands, la domination est la force des rois, l'orgueil est la force des fous, la modestie est la force des sages, la méditation est la force des savants, l'amour de l'homme pour sa femme et celui de la femme pour son homme sont la force du monde entier.*

*Il naquit parfois un mauvais fils, mais il n'existe pas de mauvaises mères.*

*Si tu aimes ton enfant, laisse-le voyager.*

*Le chant de l'enfant est pour le corbeau le chant du rossignol.*

*Ne pas former son fils à une profession, c'est ne rien lui enseigner .*

*Élève des enfants en prévision de ta vieillesse, amasse du grain en prévision de la famine.*

*Sois bon avec tes parents, tes enfants te le rendront lorsque tu seras vieux.*

*L'enfant abandonné à ses caprices sera la honte de sa mère.*

*Sots sont les poètes qui chantent la faiblesse de la femme ; comment peut-on qualifier de faible celle qui peut, d'un simple clin d'œil, enchaîner les dieux eux-mêmes ?*

*La torche de la sagesse brille de tout son éclat jusqu'à ce que deux beaux yeux la regardent : elle s'éteint alors rapidement.*

*On élève des enfants pour s'assurer un soutien dans la vieillesse, on plante des arbres pour jouir de la fraîcheur de leur ombrage.*

*L'arbre empoisonné de la vie porte deux fruits d'une très grande douceur : l'amour passion et la conversation avec les belles femmes.*

*L'amour apporte nuits blanches, souffrances et douleurs. Mais quand tu as goûté à l'amour, le monde t'appartient.*

*La jeunesse ne dure pas, aussi ne désire pas la femme aux yeux brillants comme des diamants, car bientôt sa mauvaise vue l'obligera elle aussi à marcher à l'aide d'une canne.*

*Quand un cheval sauvage erre dans les montagnes, il est facile de le capturer au lasso : mais quand la femme aimée se rebelle, même les puissances surnaturelles échouent.*

*Le fils ne trouve pas laide sa mère, le chien ne trouve pas la maison de son maître trop pauvre.*

*Boire de l'eau dans la main de son amant, ce n'est pas avoir soif, mais faire un caprice amoureux.*

*N'épouse jamais une vieille femme, même si elle s'offre à toi et t'apporte beaucoup d'or en dot. Les gens diront peut-être : " Il lui reste encore beaucoup à vivre ! " Mais n'oublie pas que ses meilleures années sont déjà derrière elle.*

*Tout hanneton est une gazelle aux yeux de sa mère.*

*Le baiser est semblable à l'eau salée ; plus on en boit, plus la soif augmente.*

*Ne te fais pas d'illusions, ô femme ! Tu peux perdre ta richesse et ta beauté ; la première en une nuit, par l'intermédiaire de ton amant, la seconde à la suite d'un simple coup de fièvre.*

*Lorsqu'on aime une chose et qu'on la voit avec les yeux du cœur, on oublie sa laideur.*

*Ne laissez pas somnoler votre cœur, ô jeunes filles ! Le sommeil finira par vous envahir jusqu'au jour du jugement.*

*Sois juste et reconnais que l'amour est beau.*

*On appelle amour la sensualité, mais entre les deux, il y a une grande différence.*

*Qui n'est pas devant les yeux n'est pas devant le cœur.*

*Mourir avec la femme aimée est agréable ; mourir après la femme aimée est un motif de satisfaction pour l'homme injuste.*

*Un bon vin et une belle femme sont deux poisons délicieux.*

*La femme construit le foyer, mais la femme, d'un seul regard, peut aussi le détruire.*

*Si tu veux te marier, choisis au moins une belle fille.*

*Qui refuserait d'épouser une belle veuve affligée par la mort de son mari ?*

*Ne sois pas cruel avec ta femme, tu la convaincras plus facilement par la douceur que par la violence. Satisfais ses désirs, montre-toi attentionné à son égard et traite-la avec tendresse.*

*Une femme habituée à perdre ses enfants ne connaît plus la peur.*

*L'amour du père, c'est son fils ; l'amour du fils, c'est son propre fils.*

*Le mariage à bien y réfléchir, est un mal, mais un mal nécessaire.*

*L'amour ne nuit pas au genre humain, mais il entraîne les excès.*

*Colère d'amants, renaissance amoureuse.*

*Il est un souci que les hommes recherchent : prendre femme et mettre au monde les enfants qui la tiendront occupée.*

*Si les filtres pouvaient servir à capturer les hommes, toutes les vieilles femmes auraient un amant.*

*L'amour doit être encouragé et ne doit jamais être condamné.*

*L'amour commence avec les yeux et termine avec l'habitude.*

*L'amour, comme les larmes, naît dans les yeux, arrive jusqu'aux lèvres, puis descend dans le cœur.*

*Sans lait, aucun enfant ne peut être nourri, sans amour, aucun cœur ne peut s'exalter.*

*Le moine est né d'une femme, mais s'il s'approche d'une femme il se consume et finit par ne plus être moine.*

*Mieux vaut travailler avec ceux que l'on aime que se reposer avec ceux que l'on hait.*

*Si l'on veut dénaturer une nouvelle, il suffit de la faire circuler parmi les femmes.*

*La femme doit avoir de modestes désirs et un discours semblable au chant de l'hirondelle ; le cœur de l'homme doit être fort comme le roc et pur comme le noble argent.*

*Dissimule toujours ton amour comme un cheval volé de nuit ; si les gens l'apprennent, n'hésite pas à pleurer comme s'il était mort.*

*Aujourd'hui, nous avons du vin, aujourd'hui enivrons-nous ; demain viendront les chagrins, demain, nous pleurerons.*

*Ne demande du vin très pur qu'à une enfant vêtue de soie.*

*Mieux vaut boire du bon vin et courtiser les femmes plutôt que de faire d'hypocrites exercices de charité.*

*Le vin est un poison qui perce les entrailles, la luxure est un couteau d'acier qui racle les os, les richesse sont la racine d'où proviennent les malheurs, la colère c'est le tigre et le léopard descendus des montagnes.*

*Si vous lisez sur des centaines et des centaines de pages que la femme est une créature de grande valeur, sachez que celui qui les a écrites a oublié sa femme ou rêve éveillé.*

*Les blessures que nous infligent ceux qui nous aiment sont préférables aux baisers hypocrites que donnent ceux qui nous haïssent.*

*Celui qui honore sa mère est semblable à celui qui accumule des trésors.*

*Les femmes et les personnes vulgaires sont difficiles à traiter. Si tu les traites avec familiarité, elles deviennent orgueilleuses, si tu les éloignes de toi, elles sont mécontentes.*

*Le navire confie son cœur aux vents et non aux femmes. La vague est plus sûre que la fidélité des femmes.*

*Des femmes on connaît le visage, mais pas le cœur.*

*Si vous avez une bonne épouse, vous serez heureux, si vous en avez une très mauvaise, vous deviendrez très philosophe.*

*L'épouse idéale est celle qui reste fidèle, mais essaie d'être belle et aimable comme si elle ne l'était pas.*

*Avant le mariage, l'homme sage garde les yeux ouverts, après, il en ferme un et parfois les deux.*

*Faire ce que l'on veut en faisant croire aux autres que l'on fait ce qu'ils veulent est un talent rare chez les hommes et fréquent chez les femmes.*

*Il y a toujours un peu de folie dans l'amour, mais il y a toujours un peu de raison dans la folie.*

*La chasteté est une vertu pour certains, mais pour beaucoup, c'est presque un défaut.*

*Tout chez la femme est une énigme, mais tout chez la femme a une solution.*

*Il faut cesser de se faire manger lorsque l'on a encore une bonne saveur ; ceux qui veulent être aimés longuement par une seule femme le savent bien.*

*Il faut aimer sincèrement les pauvres d'esprit, surtout si ce sont de jeunes femmes.*

*Il manque à l'homme la voix du lion pour commander sa femme.*

*Dans l'ivresse, on dit la vérité.*

*À la maison de jeu, il n'y a plus ni père ni fils qui tienne.*

*Le courage est comme l'amour, il est le frère de l'espoir.*

*Nul cœur en ce monde n'est capable d'aimer et de haïr comme il veut, mais seulement comme il peut.*

*Toutes les tempêtes ne sont pas mauvaises pour le cœur.*

*En amour, ne te fie pas au feu à moitié éteint, car un simple soupir peut le raviver.*

*Il n'existe pas de femmes belles qui n'aient pas quelques défauts ; il n'existe pas de femmes laides qui n'aient pas quelques grâces.*

*À la porte de Lun Pan, manier la hache.*

*Battu de verges, il fera un bon fils ; choyé, gâté, il sera un fils rebelle.*

*Les bavardages des femmes ne font jamais de farine mais sont le pain quotidien des poètes.*

*Les femmes ont beau changer de chapeau, elles ne changent pas de cerveau.*

*La force d'une femme se mesure à sa faiblesse : plus elle est faible, plus elle est forte.*

*Il est plus facile d'aimer une femme que de se faire aimer par une femme.*

*L'amour est une échelle sur laquelle les dieux descendent jusqu'à nous et nous montons jusqu'à eux.*

*Qui aime monte sur l'échelle du bonheur, qui n'aime pas reste immobile sur le seuil de sa cabane, qui hait s'effondre dans la poussière de la route.*

*L'amour est une plante spontanée merveilleuse, mais ce n'est pas une plante de jardin que l'on peut replanter.*

*L'amour est la clef qui ouvre les portes de l'impossible.*

*Deux grands piédestaux soutiennent le monde : l'amour et l'or.*

*L'amour est le soleil qui illumine le chemin de tout homme vers sa maison.*

*Les femmes ont un petit cœur qui tremble au souffle du vent de la joie comme au déchaînement de la tempête.*

*Le sourire d'une femme fait toujours vendre plus de marchandises que mille mots d'un homme.*

*L'amour est détruit non par les disputes, non par la laideur, mais par l'ambition.*

*L'amour et l'amitié ne se demandent pas comme de l'eau, mais s'offrent comme le thé.*

*Mieux vaut irriter un chien enragé qu'une vieille femme.*

*L'amour ne peut être ni acheté ni vendu ; l'amour se donne et s'échange contre de l'amour.*

*Qui aime une femme de tout son cœur n'a pas le temps de haïr.*

*L'amour est une créature très étrange, douce et absurde : elle se nourrit d'imagination et meurt de satiété.*

*Un homme est riche non pas quand il a de nombreuses richesses, mais quand son cœur est caressé par la main légère de sa femme.*

*Si le cœur de l'homme contient la perle de l'amour, qu'il s'inspire de l'huître et le garde bien fermé.*

*Tout comme le vent détruit et disperse les pétales des fleurs, la jalousie détruit l'amour et dissémine les pétales du cœur.*

*L'épouse sobre en tout lieu et en toute chose, ne doit pas être sobre avec son mari.*

*La belle femme est semblable au saule : elle ondule au moindre souffle du regard de l'homme, garde-toi bien de la prendre pour épouse.*

*En ce bas monde, il n'y a pas de parents dénaturés.*

*On peut sonder le ciel, on peut mesurer la terre, il n'y a que le cœur de l'homme, contre lequel on ne peut se prémunir.*

*En fouettant le corps de son épouse, on rajuste sa vertu.*

*L'amitié entre hommes est toujours brisée par les femmes, et par l'amitié des autres hommes.*

*Ne juge pas ta femme, plus tu la juges et moins tu l'aimes.*

*Le secret pour une femme qui désire une vie agréable pour elle et pour les autres consiste à ne pas faire tout ce qu'elle aime, mais à aimer tout ce qu'elle fait pour les autres.*

*La douleur de la veuve et la joie du vieux durent rarement plus d'une lune.*

*Dans la vie de l'homme et de la femme, il y a une saison pour l'amour, comme il y a une saison pour la pêche et pour faire sécher les filets.*

*La jalousie éteint dans le cœur de l'homme le chant de joie du cœur de la femme.*

*Qui ne sait pas pleurer de chagrin pour sa femme ne saura jamais pleurer de joie pour sa femme.*

*Dans la vie, il n'est point de poison de serpent qui soit aussi redoutable que la langue d'une femme trompée en amour.*

*La belle femme qui met sa beauté en évidence et ne l'entretient pas pour son mari est comme un bossu qui utilise son imperfection pour exploiter la fortune et la crédulité des hommes sots.*

*Seuls la bonté et le dévouement d'une femme font renoncer l'homme à la violence.*

*Entre amis, on considère ses biens comme communs, mais on ne badine pas avec la femme d'un ami.*

*Dans les auberges, les jeunes filles sont plus belles que la lune, et leurs mains plus blanches que la neige, et leur sourire en subjugue plus d'un.*

*Les rideaux de l'alcôve sont comme les rideaux d'un tribunal, et le lit d'ivoire est semblable à une prison.*

*Les sourcils arqués sont des lames tranchantes, les yeux brillants de la femme aimée qui te regarde sont des sabres, les lèvres pourpres qui te disent des mots d'amour sont des épées. Les belles bouches et les langues parfumées sont comme les vers qui rongent le cœur de l'homme ; celui qui les fréquente est destiné à finir comme la très fine poussière de la mer.*

*On peut dire que l'homme et la femme, quand ils ne s'aiment plus, sont semblables à deux baigneurs qui se reprochent mutuellement leur scandaleuse nudité.*

*L'amour ne se dévoile pas, aussi est-il lumineux ;*
*l'amour ne se justifie pas, aussi est-il très célèbre ;*
*l'amour ne se vante pas, aussi les gens se fient-ils à lui ;*
*l'amour n'est pas fier de lui, aussi est-il le gouverneur des hommes ;*
*comme l'amour ne lutte pas, nul au monde ne peut lutter contre lui. Ce que disaient les Anciens n'est-il pas vrai ?*

*Parler d'une belle femme, c'est comme parler d'un beau cheval. Il ne faut pas en admirer la beauté mais le tempérament.*

*L'homme débonnaire est le voleur de la vertu des femmes.*

*La femme a un instinct maternel et un instinct enfantin, mais elle n'a pas l'instinct de l'épouse. Son instinct d'épouse est le fruit de la combinaison de son instinct maternel et enfantin.*

*La femme sage se montre réticente à offrir ses joues, se montre réticente à donner ses caresses et ses baisers. En agissant ainsi, elle vole facilement l'âme de l'homme qu'elle veut.*

*Quand tu me verras mort d'amour pour toi, ô femme,
et quand mes lèvres seront entrouvertes et vidé de son âme sera mon corps, alors, tourmentée par la douleur et le remords,
tu viendras à mon chevet et d'une voix tendre
et douce, tu diras : " Je suis celle qui t'a tué et repentie
je suis revenue. "*

*Si comme le feu, le chagrin d'amour produisait la fumée,
la nuit perpétuelle envelopperait le monde
pendant des siècles.*

*Une enfant montée sur le mûrier, un jeune homme monté sur le citronnier : l'araignée de l'amour les oblige à se rencontrer.*

*Le parfum des cyprès suit le respiration du vent. Les mots d'amour de la bien-aimée orientent le cours de la vie d'un homme.*

*Celui qui n'aime pas se consume tout seul, mais celui qui aime va jusqu'à sacrifier ses os pour les autres.*

*De tous les vices, la luxure est le plus grave, de cent vertus la piété filiale est la première.*

*D'aucuns disent qu'il faut chercher longtemps le bonheur ; d'autres disent qu'il est tout près, chez soi ; mais le bonheur parfait se trouve dans le berceau d'un enfant qui est le fruit de l'amour.*

*Comme la liane qui enlace l'arbre de toutes parts, tu m'enlaces : sois ma compagne et ne me quitte jamais. Comme l'aigle qui, avant de prendre son envol, frappe le sol de ses ailes, je frappe à ta porte : sois, ô ma femme, ma compagne et ne t'éloigne pas de moi.*

*Ce n'est que lorsque la femme a des enfants qu'elle peut comprendre l'amour de sa mère pour elle.*

*Tantôt on les embrasse, tantôt on les sent : ce sont des joues de jeunes filles ou des pommes parfumées. Les unes comme les autres ont une fragrance enivrante.*

*Dans les moments où notre vanité est satisfaite,*
*nous prononçons des mots qui ne sont pas sincères ;*
*dans les moments où nous sommes aveuglés par la colère,*
*nous prononçons des mots qui offensent la courtoisie ;*
*c'est pourquoi, souvent, les mots doivent être oubliés.*

*Un voyage de mille kilomètres commence par le mouvement d'un pied.*

LE POISSON DE LA VENGEANCE : TALISMAN QUI PROTÈGE CONTRE TOUTE VENGEANCE, SON ACTION DURE UNE LUNE

Le poisson
de l'espoir :
il doit être
porté
pendant
trois lunes

Le poisson
de la
fécondité :
il doit
aussi être
porté
pendant
trois lunes

Le poisson de la passion : on le découpe en pensant à la personne aimée, puis on le brûle

Le poisson de la sagesse : il doit être cousu dans l'ourlet d'un vêtement et y rester pendant au moins cinq lunes

Le poisson de la haine : talisman qui préserve de la haine des parents, il doit être placé à l'entrée d'une maison pendant une lune

Le poisson de la chance : il faut le découper pendant la nouvelle lune, puis le brûler avec des herbes et des huiles utilisées pour les sacrifices. Ce rite doit être répété trois lunes de suite

# *La justice*

*Avec des relations à la cour, il est facile de devenir mandarin.*

*Il est une catégorie d'amis et une catégorie de convives qui disparaissent le jour où l'on a besoin d'eux.*

*La route est bordée de buissons de ronces. Ce sont tes ennemis. Éloigne-toi d'eux. La route est bordée de fleurs belles, mais vénéneuses. Ce sont tes amies. Méfie-toi d'elles.*

*Essaie de ne pas t'exprimer avec lenteur. Tu feras tout avec lenteur, même ton travail.*

*Le magistrat sage et honnête rend justice à son peuple. Le sage magistrat qui n'est pas sage pour son peuple, mais pour lui-même, ne rend pas justice à son peuple, mais ne lui procure que de la souffrance.*

*Regardons et observons le chef d'un peuple. S'il est bon, ses ministre seront bons, s'il a la méchanceté au cœur, il trouvera de la méchanceté chez ses ministres.*

*Le médecin se donne autant de mal pour la longue maladie que pour la courte.*

*Un coup de langue peut briser un os.*

*Mets un buisson d'épines dans tes oreilles ; n'écoute pas les mauvaises langues.*

*Quand la vertu l'emporte sur le talent, c'est un homme accompli ; quand le talent l'emporte sur la vertu, c'est un homme médiocre.*

*La vertu ne va pas seule, elle a toujours des imitateurs.*

*Qui ne s'inquiète pas du futur qui s'approche inexorablement ne vient sûrement pas de traverser une épreuve.*

*Quand un visiteur vous raconte une longue histoire alors même que vous êtes pressé, si vous le connaissez intimement, vous pouvez vous en libérer en lui disant : " À plus tard. " Mais s'il s'agit d'une personne respectable, la chose est vraiment détestable.*

*Celui qui te raconte la vie d'autrui et la sienne racontera demain la tienne à autrui.*

*Les bonnes paroles et les mauvaises actions trompent les sages et font revenir les fous à la maison.*

*Le sage de la montagne à qui le voyageur demandait s'il était heureux répondait qu'il n'avait absolument pas le temps d'y penser.*

*Trois choses sont nécessaires au bonheur : être ignorant, être égoïste, avoir une bonne santé. Mais s'il vous manque la première ou la deuxième ou la troisième, tout est fini ; et jamais vous n'aurez ces trois choses ensemble.*

*Si tu travailles avec ta tête, repose-toi en travaillant avec tes mains ; si c'est le contraire, repose-toi avec ta tête.*

*Si nous regardons le dessus du buisson, nous voyons toutes les roses dans le jardin de la vie ; mais si nous mettons les mains dans le massif, nous aurons la surprise d'y trouver des épines.*

*Contentons-nous de recueillir le bonheur que nous avons donné à pleines mains, sans rien demander en échange.*

*La confiance en la vie s'acquiert lorsque l'esprit se sent profondément calme.*

*Les personnes très chanceuses font penser aux voleurs professionnels : tôt ou tard, elles finissent par être victimes de la chance comme les voleurs des volés.*

*Quand la rage te fait cracher contre le Ciel, tu finis toujours par te cracher sur la tête.*

*Le jeunesse est une habitude que tous devraient jalousement conserver afin que le temps, qui est voleur, ne nous la vole pas sous nos yeux.*

*Un malheur n'arrive jamais seul, la chance si.*

*L'ennemi qui demande l'hospitalité doit être accueilli comme un hôte. Pas même à celui qui vient pour l'abattre, l'arbre refuse de donner d'abord ses fruits.*

*En te levant, demande-toi ; quelle bonne action ferais-je aujourd'hui ? En effet le soleil qui se couchera ce soir emportera avec lui un jour de ta vie. Fais en sorte que ce ne soit pas un fruit noir et âpre.*

*Semblables à l'ombre qui précède midi sont les amitiés entre mauvaises gens. Semblables à l'ombre de la tombée de la nuit sont celles entre bonnes gens. Avec le temps, les unes diminuent, les autres s'intensifient.*

*Les forces sensuelles, aussi fortes soient-elles, tôt ou tard nous quitteront : puisque nous devons nous séparer d'elles, pourquoi ne pas leur dire adieu nous-mêmes ? Si nous les voyons s'évanouir, nous éprouvons un regret indicible ; si nous les mettons nous-mêmes à l'écart, nous trouvons la paix intérieure et éprouvons un bonheur infini.*

*Qu'aucune chose ne te soit chère, la perte de ce que tu as aimé est source de douleur intense. Il n'est pas d'obstacles pour celui qui n'aime et ne déteste rien. Ne t'attache ni aux choses désagréables ni aux choses agréables ; il est triste de ne pas voir les choses aimées, il est triste de ne pas voir les choses détestées. Heureux nous vivons, parce que nous ne possédons rien. Nourrissons-nous donc de joie, comme le font les dieux resplendissants.*

*Vide, mon frère, ce bateau ; vidé, il voguera légèrement.*

*Débarrasse-toi de ta passion et de ta haine, tu connaîtras le bonheur.*

*Abstiens-toi du mal, fais le bien, purifie ton cœur. Tel est le précepte des grands sages.*

*Si tu rencontres un pauvre qui a une grosse dette à te payer, divise-la en trois parts, mais divise-la bien, supprime deux parts et n'en laisse qu'une. Il te semblera alors avoir trouvé le chemin de la vie.*
*La nuit, tu pourras dormir tranquille, et, au réveil, tu t'en réjouiras.*

*La vie de l'homme est brève comme la rosée matinale.*

*Parle peu. Les mots sont comme les perles précieuses : leur valeur augmente avec leur rareté.*

*Dans la vie, il y a trois grands malheurs : dans son jeune âge perdre son père, dans son âge mûr perdre son épouse, dans sa vieillesse perdre son fils.*

*Ne t'appproche pas de la torche. Admire-la de loin. Elle n'est faite que de feu, bien que semblant faite de lumière.*

*Brune était ma lance, mais la poussière de la bataille a couvert sa tête de cheveux blancs.*

*Quand la lance est tendue vers l'ennemi, elle ressemble à la grosse corde avec laquelle on puise le sang du puits : le puits au fond duquel se trouve le cœur du héros.*

*Si tu veux te connaître, apprends que tu es composé de deux choses : la première est l'enveloppe que constitue ton corps extérieur, visible à tous, la seconde est cette chose intérieure appelée esprit, cœur, et elle ne peut être vue que par des yeux intérieurs. C'est cette chose qui constitue ton véritable être : respecte-la.*

*Chaque joie est destinée à celui dont le cœur est en liesse : pour celui qui porte toujours un chapeau, le ciel est fait d'ombre.*

*Donner une bouchée à l'affamé vaut mieux que de donner un boisseau à qui est rassasié.*

*Le riche ne sait pas ce que sont les peines du pauvres ; qui mange à sa faim ne sait pas ce que c'est d'être affamé.*

*Notre existence ressemble à une barque qui, à l'aube, s'éloigne en quelques coups de rame dans l'écume du fleuve Jaune. Le soir, elle arrive au port et ne laisse d'elle aucune trace.*

*Là ou éclate le tonnerre d'une grande découverte, il y a eu l'éclair d'une idée.*

*Ce n'est qu'après avoir étudié que l'on connaît les limites de son savoir.*

*L'étude est comme une barque remontant le courant, " qui n'avance pas recule ".*

*Ceux qui furent officiers sous les précédents régimes désirent restaurer l'ancienne culture ; ceux qui sont officiers en ce moment désirent conserver l'état actuel des choses et ceux qui ne sont pas officiers demandent à cor et à cri que l'on change tout radicalement.*

*Lorsque l'on parle à de célèbres hommes d'études, la meilleure chose à faire est de feindre, de temps à autre, de ne pas les comprendre parfaitement. Si l'on comprend trop peu on est méprisé, si l'on comprend trop on déçoit mais si de temps en temps seulement, on ne parvient vraiment pas à les comprendre, alors tout ira pour le mieux.*

*Ce sont les vertus, les qualités réunies des ministres d'un prince qui font la bonne administration d'un État : comme la vertu fertile de la terre, réunissent le mou et le dur, produit et fait croître les plantes qui couvrent sa surface. Cette bonne administration dont vous me parlez ressemble aux roseaux qui bordent les fleuves ; elle se produit naturellement sur un sol convenable.*

*Il est difficile de dire si l'espoir existe ou n'existe pas. L'espoir existe ou n'existe pas. L'espoir est comme une route de campagne : au départ, aucune route n'existe, mais à force d'y marcher, les gens tracent une route.*

*Si le matin vous avez entendu la voix de la raison céleste, le soir vous pourrez mourir.*

*Les Chinois aiment le compromis. Si vous leur dites : " Cette pièce est trop sombre, vous devez percer une fenêtre ! ", ils s'y opposeront. Mais si vous leur dites : " Retirons le toit ! ", ils vous répondront : " Perçons une fenêtre ! "*

*Autrefois, j'avais coutume de méditer pendant plusieurs jours d'affilée, mais il vaut mieux vivre pendant un bref instant ; autrefois, j'avais coutume de me dresser sur la pointe des pieds pour regarder au loin, mais il vaut mieux élargir ses horizons en montant sur une colline.*

*Celui qui enseigne ne doit pas faire de différences entre le riche et le pauvre, entre le gros et le maigre, entre le petit et le grand. Il ne doit pas faire aucune distinction entre ses disciples. S'il est sage, il devra apporter à tous la même sagesse.*

*Essayez de ne pas connaître l'âge de vos parents. D'un côté, vous vous en réjouiriez, de l'autre, cela vous préoccuperait.*

*Ceux qui sont nés après nous sont à craindre. Comment savoir s'ils seront semblables à nous ou pas ?*

*Pour gouverner, il faut d'abord rectifier les noms.*

*Si ton amour pour autrui ne t'est pas rendu, réfléchis et demande-toi si tu es vraiment bienveillant.*

*Ne jette pas ton rideau usé, il pourra te servir à enterrer ton cheval.*

*Un gouvernement tyrannique est plus cruel qu'un tigre.*

*Un État se régit par les lois. Une guerre se fait à coup de surprises. Mais c'est par le non-faire qu'on gagne le monde entier.*

*Seul l'argent ne doit pas être source de plaisir ; quand tu es en vie, il ne pousse pas tout seul, quand tu meurs, tu ne peux pas l'emporter avec toi.*

*Peu importe que le chien soit pouilleux, il a toujours ses disciples.*

*En servant un prince, ayez beaucoup de soin et d'attention pour ses affaires et faites peu de cas de ses émoluments.*

*Reste à l'ombre des bambous et tais-toi. Tu en verras de belles.*

*À quoi sert le pain si tu n'as plus de dents ? Contente-toi d'un bol de riz.*

*Tous les miroirs sont des miroirs magiques. Nous ne pouvons jamais voir le reflet de notre vrai visage.*

*Lorsqu'une dispute se prolonge, cela signifie que les deux adversaires ont tort.*

*Pour les esprits grands et généreux des sages, la curiosité est la première et la dernière passion.*

*Le désœuvrement excessif remplit de la façon la plus complète qui soit le temps d'une personne et la laisse moins maîtresse d'elle-même que tout autre occupation.*

*On perd plus de temps à discuter de choses insignifiantes que de faire de choses importantes, car certains d'entre nous connaissent mieux ces choses que les choses importantes.*

*Le tigre rugit, le vent se lève.*

*La créativité est l'art de regarder d'un œil nouveau les vieilles choses.*

Être spirituel ne suffit pas, il faut posséder suffisamment d'esprit pour éviter d'en avoir trop.

Il faut toute une vie pour comprendre qu'il n'est pas nécessaire de tout comprendre.

Gagne comme si tu avais l'habitude de gagner. Perds comme si cela t'amusait de le faire pour changer.

Pour t'entourer d'un bouclier impénétrable, renferme-toi sur toi-même.

Une étude sur l'économie du pays révèle généralement que le meilleur moment pour acheter une chose est déjà passé.

Rends-toi indispensable et tu monteras en grade, comporte toi comme si tu étais indispensable et tu seras mis à la porte.

Il est difficile de croire que les pensées des autres sont aussi sottes que les nôtres. Mais peut-être en est-il ainsi.

Le travail est la plus belle chose du monde, aussi voudrions-nous en laisser un peu plus pour le lendemain.

Si vous voulez découvrir votre véritable opinion sur une personne, prêtez attention à ce que vous éprouvez en recevant une lettre de cette personne.

Plus nous aimons nos amis et moins nous les flattons. Moins nous les aimons et plus nous les flattons.

Il est deux choses durables que nous pouvons espérer léguer à nos enfants : les racines et les ailes.

Ne claque jamais une porte derrière toi. Tu pourrais avoir envie de la rouvrir.

*Plus tu te sers de ton cerveau, plus tu auras à t'en servir.*

*L'habitude peut-être le meilleure des servantes ou la pire des patronnes. Quoi qu'il en soit, nous en sommes toujours esclaves.*

*Quand parler devient plus important qu'écouter, il est préférable de changer d'amis.*

*L'amour de l'humanité, sans l'amour de l'étude, a pour défaut l'ignorance ou la stupidité ; l'amour de la science, sans amour de l'étude, a pour défaut l'incertitude et la perplexité ; l'amour de la sincérité et de la fidélité, sans l'amour de l'étude, a pour défaut la duperie ; l'amour de la droiture, sans l'amour de l'étude, a pour défaut une témérité inconsidérée ; l'amour du courage viril, sans l'amour de l'étude, a pour défaut l'insubordination ; l'amour de la fermeté et de la persévérance, sans l'amour de l'étude, a pour défaut la démence ou l'attachement à une idée fixe.*

*La guerre est une leçon d'histoire que les peuples ne retiendront jamais assez.*

*Puisqu'il est impossible d'être universel et de tout savoir, il faut savoir un peu de tout.*

*Il est plaisant d'appeler prince un roi, même si cette appellation diminue son rang.*

*La tigresse, si cruelle qu'elle soit, ne dévore pas ses petits.*

*La haute lumière de l'intelligence qui naît de la perfection morale, ou de la vérité sans mélange, s'appelle vertu naturelle ou sainteté primitive. La perfection morale qui naît de la haute lumière de l'intelligence s'appelle instruction ou sainteté acquise. La perfection morale suppose la haute lumière de l'intelligence ; la haute lumière de l'intelligence suppose la perfection morale.*

*Vous voulez que l'on dise du bien de vous ? Ne dites rien !*

*Les langues sont comme des codes chiffrés où les lettres ne correspondent pas aux lettres, mais les mots correspondent aux mots, afin qu'une langue inconnue puisse être déchiffrable.*

*Il est des défauts qui s'enracinent en nous uniquement par la faute des autres ; en coupant leur tronc, ils se détachent comme des branches.*

*Qui est proche du mandarin obtient des honneurs, qui est proche du cuisinier obtient à manger.*

*Un mandarin intègre peut difficilement arranger ses affaires de famille.*

*Nous nous connaissons si peu que beaucoup sont convaincus qu'ils sont au bord de la mort alors qu'ils vont bien et que beaucoup croient qu'ils vont bien alors qu'ils sont au bord de la mort.*

*Les grands et les petits ont les mêmes maladies, les mêmes colères, les mêmes passions. Mais les uns se trouvent au sommet de la roue et les autres près du centre. En conséquence, ils sont mus par le même mouvement.*

*Nous courons sans réfléchir vers un précipice après nous être bandés les yeux pour ne pas le voir.*

*Pour que la passion ne nous aveugle pas, il faut nous imaginer qu'il ne nous reste plus que huit jours à vivre.*

*Entre Dieu, l'Enfer et le Ciel, se trouve la vie, qui est la chose la plus fragile du monde.*

*La concupiscence et la force sont les sources de toutes nos actions. La concupiscence engendre les actions volontaires, la force les actions involontaires.*

*On peut avoir des opinions personnelles sur tous les sujets et néanmoins parler comme le peuple.*

*Rien d'absurde n'est jamais sorti de la bouche d'un philosophe.*

*Lorsqu'on est jeune, on ne sait jamais juger les autres tels qu'ils sont, lorsqu'on est vieux, c'est la même chose.*

*La plante du mal est aussi facile à trouver et à transplanter qu'un jeune plant de riz. Le bien est une petite plante presque unique et difficile à transplanter, il est très rare que l'on recueille les fruits.*

*Nous nous trompons tous de façon d'autant plus dangereuse que chacun de nous croit en sa propre vérité. L'erreur n'est pas de croire en une chose mais de ne pas croire en une autre vérité.*

*Le serviteur ne sait pas ce que fait son maître, parce que le maître lui indique toujours uniquement l'action et non la fin.*

*Dormir n'est pas un art aisé : il est nécessaire de veiller toute la journée pour y arriver.*

*Ce qui est beau de loin est parfois loin d'être beau.*

*L'expérience est une lanterne qui n'éclaire que celui qui la porte.*

*Vous pouvez haïr vos ennemis, mais pas les mépriser. Vous devez être fier de votre ennemi et ses succès deviendront alors aussi vos succès.*

*De son meilleur ami, il faut avoir le meilleur ennemi. Tu dois lui être plus proche que jamais par le cœur quand tu t'opposes à lui.*

*L'ami doit savoir deviner et se taire quand il le faut ; tu ne dois pas vouloir tout voir, ton rêve doit te révéler ce que fait ton ami quand il est réveillé.*

*Ne ment pas seulement celui qui parle en niant ce qu'il sait, mais surtout celui qui parle en niant ce qu'il ne sait pas.*

*Médecin, aide-toi toi-même et tu aideras aussi ton malade. Rien ne pourra autant l'aider que de voir de ses yeux quelqu'un se guérir soi-même.*

*Au fur et à mesure que l'on apprend à se réjouir, on se déshabitue à faire le mal et à penser le mal.*

*Le plaisir des petites méchancetés nous épargne plus d'une mauvaise action et plus d'un grand remords pour avoir commis une mauvaise action.*

*Le mandarin met le feu où il lui plaît, mais il ne permet pas aux gens du peuple d'allumer une lampe.*

*Le mandarin ne rougit pas de frapper son peuple, le père ne rougit pas de frapper son fils.*

*Qui approche du poisson séché empeste, qui approche de l'orchidée embaume.*

*Qui s'approche du vermillon rouge devient rouge, qui s'approche de l'encre noire devient noir.*

*La vie est une source de plaisir, mais pour celui qui a l'estomac vide, toutes les sources sont empoisonnées.*

*Qui s'approche du feu sera brûlé le premier.*

*Considère le passé, tu connaîtras l'avenir.*

*Un bon remède est amer au goût, bon pour la maladie ; un conseil salutaire est pénible à entendre, profitable pour se conduire.*

*Tout s'éloigne et tout revient, la roue de l'être tourne à l'infini. Nous voulons tous avoir de suite un bon repas, mais celui qui veut manger doit se mettre à l'œuvre, même le roi.*

*Ne soyez plus pas plus vertueux que vos forces ne vous le permettent. N'exigez rien de vous qui ne soit invraisemblable.*

*Donner à pleines mains signifie répartir en de multiples petites parts ce qui fut volé à tour de bras.*

*Fais du sourire un compagnon de ta vie, cela te sera facile si tu découvres tous les bons côtés, si peu nombreux soient-ils, que tu possèdes.*

*Souvent le désir de ce que tu n'as pas t'empêche de profiter de ce que tu possèdes.*

*La cruche ne se vexe pas si elle est touchée par un cruchon.*

*À force de meuler un pilon, on en fait une aiguille.*

*L'eau tombant goutte à goutte à la longue perce la pierre.*

*Parfois, la loi est comme une toile d'araignée. La grosse mouche passe à travers ses mailles, tandis que le moucheron s'y empêtre.*

*Le monde est comme un grand océan. Celui qui nage trop chargé est trop lourd et coule.*

*La sagesse est comme l'argent : qui se vante sans arrêt d'en posséder une grande quantité est certainement celui qui en possède le moins.*

*Le savant doute de tout, même de son savoir. Seul le sot est sûr de tout.*

*Une petite pierre suffit parfois à renverser un grand char.*

*Rappelle-toi de tes quelques vrais amis ! Les autres, qui sont toujours nombreux, se rappelleront à ton souvenir d'eux-mêmes.*

*Celui qui arrive à table après tout le monde est le premier à pleurer.*

*Le vice vit parfois parmi nous, mais avec un stratagème très au point puisqu'il ne se montre pas. Généralement, les nigauds et les jeunes s'y laissent prendre facilement.*

*Quand les forces du bien s'élèvent d'un pied, les forces du mal s'élèvent d'une toise.*

*À bien y regarder, il existe chez les flatteurs une grande ressemblance entre les chiens et les loups.*

*Il est très rare qu'un sot se déplace seul, il est presque toujours accompagné par d'autres sots ; celui-ci se reconnaît à ses éclats de rire et à ce qu'il est le seul à vouloir nager là où il a pied. Sans lui, le sage ne pourrait pas se distinguer.*

*Personne ne connaît vraiment la vie tant que la douleur n'a pas frappé à sa porte ; quand on a la force de la souffrance, on a la force de l'audace.*

*Il vaut mieux maintenir la paix familiale que vendre la peau de l'âne.*

*La chance est en verre, aussi scintille-t-elle même dans l'ombre, mais elle très fragile ; la chance va au-devant des fous, peut-être pour les récompenser ; la chance est folle elle aussi : donne trop à beaucoup et rien à d'autres.*

*Ne faites pas tout ce que vous voulez, car celui qui fait tout ce qu'il veut sera amené à faire ce qu'il ne doit pas faire.*

*Voici ce que dit le sage qui a acquis beaucoup en parlant peu : " Qui a peu donne beaucoup plus que ce qu'il a, qui n'a rien donne souvent et pour toujours son cœur. "*

*Ceux qui veulent le bien d'autrui sont comme des malades de folie douce. Celle-ci est rarement contagieuse, mais le temps est le meilleur remède contre elle, plus que tout médicament.*

*La mante qui cherche à saisir la cigale ne se soucie pas du loriot qui la menace par-derrière.*

*Exulter d'avoir réussi ou se sentir déçu d'avoir échoué, c'est être le fils des circonstances.*

*Souvent, il arrive que le bourreau soit tué.*

*Pour récompenser la courtoisie par la courtoisie, rendez le mal par la justice ou la sévérité. Quand la courtoisie est récompensée par la courtoisie, alors le peuple est encouragé à faire le bien. Quand on rend le mal en faisant le mal, alors le peuple est incité à ne pas faire le mal. Récompenser le mal par le bien est le signe d'un caractère généreux, récompenser le bien par le mal est le signe de la criminalité.*

*La vérité ne peut être partagée par la nature humaine. Si ce qui est considéré comme la vérité s'éloigne de la nature humaine, on ne peut plus la considérer comme la vérité.*

*Trouver l'essence morale et centrale de notre être moral, qui nous lie à l'ordre universel, c'est trouver l'harmonie centrale. Pendant longtemps, les hommes n'en ont été que rarement capables.*

*Ne rentre pas au pays si tu es encore jeune. Une fois rentré, tu mourras de regret.*

*La modestie est proche de la discipline morale. La simplicité de caractère est proche de la véritable humanité et la loyauté est proche de la sincérité du cœur. Si un homme cultive avec soin ces trois vertus dans son comportement, cela ne l'empêchera pas de s'éloigner un peu du droit chemin, mais il ne sera pas loin de l'idéal de la véritable humanité.*

*Que les riches n'investissent pas leur argent dans l'achat de terres fertiles, car les livres permettent de plus abondantes moissons ; que les nobles ne construisent pas d'immenses demeures, car les livres renferment de grands trésors ; que les jeunes ne songent pas à faire un bon mariage, car des femmes belles comme le jade se trouvent dans les livres ; que les voyageurs ne se plaignent pas de ne pas avoir de suite, car les livres procurent carrosses et chevaux ; que ceux qui veulent connaître la gloire se consacrent avec ardeur à l'étude des livres anciens.*

*Hais les choses qui ont une apparence de vérité, mais ne sont pas vraies ; hais le chiendent, car il se mélange au maïs ; hais la musique de Cheng, car elle apporte le chaos dans la musique classique ; hais la couleur pourpre, car elle se distingue mal de la couleur rouge.*

*En ce bas monde, rien d'impossible, pourvu qu'il y ait des hommes de cœur ; en ce bas monde, rien de facile, à moins qu'on ne soit négligent.*

*Les choses qui me troublent et m'inquiètent sont les suivantes : que je puisse négliger d'améliorer mon caractère, que je puisse négliger mes études, que je puisse négliger de progresser dans la bonne voie. Je pourrai omettre de me corriger si je me rends compte que je me suis trompé.*

*Le Ciel est haut, l'empereur est loin.*

*Mille jours à la maison sont agréables, une heure au-dehors est pénible.*

*Il est difficile d'être un roi, mais il est encore plus difficile d'être ministre de ce roi.*

*Ceux qui sont auprès des princes vertueux pour les aider dans leurs devoirs ont trois fautes à éviter : de parler sans y avoir été invités, ce qui s'appelle précipitation ; de ne pas parler lorsqu'on y est invité, ce qui s'appelle taciturnité ; de parler sans avoir observé la contenance et la disposition du prince, ce qui s'appelle parler aveuglément.*

*Réfléchir deux fois est suffisant, trois fois est utile.*

*Toutes les choses passées sont comme si elles étaient mortes hier ; toutes les choses futures sont comme si elles étaient nées aujourd'hui.*

*Il est difficile d'être pauvre, et de n'éprouver aucun ressentiment ; il est facile en comparaison d'être riche, et de ne pas s'enorgueillir.*

*Si un État est gouverné par les principes de la raison, la pauvreté et la misère sont un sujet de honte ; si un État n'est pas gouverné par les principes de la raison, la richesse et les honneurs sont alors sujets de honte.*

*Ne vous affligez pas de ce que les hommes ne vous connaissent point ; mais affligez-vous plutôt de ce que vous n'avez pas encore pu mériter d'être connu.*

*Souvent les beaux discours embrouillent dans l'esprit d'autrui la notion du bien et du mal.*

*Si le souverain suit sincèrement le chemin de sa vertu, les conseils qui lui seront donnés seront intelligents et les soutiens et les avertissements qu'il recevra seront harmonieux.*

*Suivre le droit chemin porte bonheur ; suivre le mauvais chemin porte malheur.*

*Dès l'instant que l'enfant est né, il faut respecter ses facultés ; la science qui lui viendra par la suite ne ressemble en rien à son état présent. S'il arrive à l'âge de quarante ou de cinquante ans sans avoir rien appris, il n'est plus digne d'aucun respect.*

*La bonté étouffe la cruauté tout comme l'eau éteint le feu. Ceux qui, de nos, jours, pratiquent la bonté ressemblent à celui qui veut éteindre un bûcher en flammes avec une tasse d'eau et qui, voyant que le feu ne s'éteint pas, s'exclament : " L'eau ne peut pas éteindre le feu." Cela revient à se mettre du côté de ceux qui ne croient pas dans la bonté. Il s'ensuit que le peu de bonté qu'ils ont n'existe plus.*

*Marcher doucement, en restant derrière les anciens, voilà comment doivent agir les jeunes. Marcher rapidement, en précédant les anciens, c'est violer les devoirs des jeunes. Est-ce que marcher doucement est une chose qu'aucun homme ne peut faire ? Non ! C'est seulement une chose que l'homme ne veut pas faire.*

*Le peuple est l'élément le plus important d'un pays. Viennent ensuite les esprits de la terre et du blé. Le gouvernant est l'élément le moins important et si les seigneurs du monde désirent vraiment faire le bien du peuple, ils ne doivent pas désobéir à la volonté du Ciel, source de magnanimité et de droiture.*

*La perfection suprême semble imparfaite, son action n'a pas de cesse ; la plénitude suprême semble vide, son action n'a pas de limites. La droiture paraît sinueuse, l'habileté suprême paraît maladroite. L'éloquence suprême paraît bégayante. Le mouvement triomphe du froid. Le repos triomphe de la chaleur. Pureté et sérénité sont normes du monde.*

*L'expérience est un nom que chacun donne à ses erreurs. Agir par expérience revient à dire qu'il faut être tombé d'un toit pour savoir de quoi il s'agit.*

*L'enseignement sans paroles et le bienfait de l'inaction n'ont dans l'univers absolument aucun équivalent.*

*Il n'y a pas de plus grand crime que d'approuver ses désirs. Il n'y a pas de plus grand malheur que de ne pas savoir se contenter. Il n'y a pas de plus grosse erreur que de vouloir obtenir toujours. Ainsi celui qui sait se contenter est toujours content .*

*Le bonheur repose sur le malheur, le malheur couve sous le bonheur. Qui en connaît le terme ? Le monde n'a pas de normes, car le normal peut se faire anormal et le bien peut se transformer en monstruosité.*

*De génération en génération, les sacrifices des aïeux se poursuivront, sans jamais diminuer.*

*Prendre la place du bourreau, c'est comme manier la hachette à la place du menuisier. Celui qui manie la hachette du menuisier se blesse rarement les mains.*

*Les gens ne craignent pas la mort parce qu'ils ont du mal à gagner leur vie. Seuls ceux qui n'ont pas de problème de subsistance ne se montrent pas sages lorsqu'ils glorifient la vie.*

*Quand les gens ne redoutent pas la force, alors la grande force s'abat généralement sur eux.*

*Lorsque dans une querelle, les deux adversaires se repentent, il n'est pas de querelle qui ne puisse s'arranger ; aucune amitié ne peut jamais aller à l'échec quand les deux parties sont attirées l'une vers l'autre ; aucun malentendu ne peut jamais être évité quand les deux parties ont perdu leur calme.*

*Les affaires volent autour de nous comme une épaisse poussière pour dominer totalement nos vies ; seul le sommeil nous accorde un peu de répit.*

*Lire sans réfléchir rend l'esprit confus : réfléchir sans lire rend l'homme inconstant.*

*Pour tout appelé au gouvernement des nations et des empires, dix sont les principes cardinaux qu'il faut respecter : cultiver sa conduite morale, honorer les hommes méritants, apporter de l'affection à sa famille et faire son devoir à son égard, montrer du respect envers les autres ministres de l'État, s'identifier aux intérêts de l'ensemble du corps des offices publics, se montrer comme un père pour le peuple, encourager l'introduction des tous les arts utiles, accueillir comme il se doit les étrangers venus de lointains pays, s'intéresser au bien-être des princes de l'empire.*

*Si les gens de rang inférieur n'ont pas confiance dans les gens qui leur sont supérieurs, le gouvernement du peuple est impossible.*

*Si l'on gouverne le peuple selon les lois d'une bonne administration, et qu'on le maintienne dans l'ordre par la crainte des supplices, il sera circonspect dans sa conduite, sans rougir de ses mauvaises actions. Mais si on gouverne selon les principes de la vertu, et qu'on le maintienne dans l'ordre par les seules lois de la politesse sociale (qui n'est que la loi du Ciel), il éprouvera de la honte d'une action coupable et il avancera dans le chemin de la vertu.*

*Présider un procès est à la portée de tout le monde, mais il faudrait faire en sorte qu'il n'y ait plus de procès.*

*Gouverner son pays avec la vertu et la capacité nécessaires, c'est ressembler à l'étoile polaire qui demeure immobile à sa place, tandis que toutes les autres étoiles circulent autour d'elles et la prennent pour guide.*

*Le peuple doit avoir des vivres en quantité suffisante, doit posséder une armée puissante, doit avoir confiance en son gouvernant.*

*L'enseignement commence par la poésie, se renforce par l'enseignement de la bonne conduite et se manifeste à travers la musique.*

*Qui naît est destiné à mourir : tout naît, et tout meurt. Qui naît devra affronter souffrance, réclusion, meurtre. Aussi ne faut-il pas trouver un grand plaisir à naître et à mourir.*

*En entendant le nom de quelqu'un, on s'imagine son aspect : quand ensuite on le voit, on lui trouve rarement l'aspect imaginé.*

*Ne te querelle avec personne si cela ne se justifie pas et, si tu te vois contraint de te quereller, fais-le sans violence.*

*Ne t'oppose pas à celui qui fait le bien, mais suis son exemple.*

*Discute amicalement avec les simples, tu pourras trouver en eux la joie de vivre avec simplicité.*

*Pour un homme sage et intelligent, avoir de plus en plus de disciples, c'est avoir de plus en plus d'instruction.*

*Plus tu te consacres à la discussion des grandes choses, plus tu t'éloignes du but et, tandis que tu comptes les étoiles, tu seras plongé dans l'obscurité la plus épaisse. Quand alors tu demanderas ton chemin à l'aveugle, il comprendra que tu es encore plus aveugle que lui.*

*Reste assis pendant trois ans s'il le faut sur une pierre, car la persévérance est toujours récompensée.*

*Les révérences de l'ennemi se font toujours dans l'obscurité.*

*Traite tes subalternes avec égard, car tu pourras un jour te retrouver parmi eux.*

*Si l'on n'escalade pas une haute montagne, on ne connaît pas la hauteur du ciel ; si l'on ne descend pas dans un abîme, on ne connaît pas la profondeur de la terre ; si l'on n'écoute pas les discours des anciens rois, on ne perçoit pas l'importance de l'expérience.*

*Lire dix mille volumes, c'est parcourir dix mille lieues.*

*N'oublie jamais celui qui t'a apporté un bienfait.*

*Qui se bat par amour triomphe, qui se défend par amour tient ferme, le Ciel le secourt et le protège avec amour.*

*Les premiers seront les derniers, abandonnez la sagesse et stimulez la science, et les gens en tireront avantage.*

*Surveille ton pays comme tu surveillerais ton patrimoine menacé par les voleurs.*

*Les désastres du monde naissent de la haine du monde ; le bonheur est le fruit de la générosité.*

*Les bouteilles à moitié vides font plus de fracas que les bouteilles pleines bien que contenant moins de liquide.*

*Qui est apte à être un officier n'est pas belliqueux.*
*Qui est apte à combattre ne se met jamais en colère. Qui est apte à vaincre son ennemi ne l'affronte jamais.*
*Qui est apte à employer les hommes se met au-dessous d'eux. C'est-là la vertu de non-rivalité ; c'est-là aussi la capacité d'employer les hommes ; c'est-là enfin l'apogée d'être digne du Ciel.*

*Compte sur ta prudence, mais également sur une épée bien tranchante et sur un bras très fort.*

*Les sots méprisent le savoir et la doctrine. Les sots désirent ce qui leur nuit.*

*Ne loue pas les sages afin que les gens ne créent pas d'intrigues et de litiges : ne vante pas les objets rares afin que les gens ne songent pas à les voler.*

*Éloigne ta vue de ce qui peut éveiller le désir afin que les cœurs des gens ne soient pas troublés. Le sage dans son gouvernement, fait vider les cœurs et remplir les ventres, décourage les ambitions, renforce les corps, afin que les gens puissent purifier leurs pensées et leurs désirs et que tous puissent vivre en paix.*

*Le Maître suprême est celui dont le peuple connaît l'existence. Ensuite vient celui que le peuple aime et loue. Puis celui qu'il redoute. Enfin celui qu'il méprise. Si la confiance du prince envers le peuple est insuffisante, il y aura le manque de confiance du peuple envers son prince. Pensif, le Maître suprême se garde de parler quand son œuvre est accomplie et sa tâche remplie. Le peuple dit : " Cela vient de moi-même."*

*Pas même la victoire ne peut être belle et celui qui la qualifie ainsi est quelqu'un qui prend plaisir au massacre. Mais celui qui prend plaisir au massacre ne pourra jamais satisfaire son ambition de dominer le monde.*

*La gentillesse triomphe de la force ; il faudrait laisser les poissons dans les profondeurs de l'étang et les armes tranchantes là où personne ne peut les voir.*

*Que l'éloge qui t'est fait ne sorte jamais de ta propre bouche.*

*Manger immodérément poisson et viande, matin et soir, déforme le goût. Seul le sommeil donne l'occasion d'un court jeûne.*

*Ne recherche ni l'or, ni le jade, ni autre bien précieux.*
*Souhaite seulement que tes descendants soient tous vertueux.*

*Si tu perds la partie dans une négociation, tu gagnes la partie.*

*L'intelligence associée à un tempérament calme est à la base du grand talent ; la sagesse associée à un esprit serein est à la base de la vraie sagesse.*

*La méfiance est humaine ; au Ciel, il n'est point d'hypocrisie.*

*Tout homme, à sa naissance, est destiné à redevenir poussière.*

*Celui qui sait tenir sa langue est très prudent, celui qui ne sait pas la tenir est un sot.*

*Le dirigeant qui ne sait pas tenir les rênes de son cheval fera courir son peuple à la ruine.*

*Le pauvre qui ne sait pas s'enrichir agace même ses parents les plus chers.*

*Entre gens orgueilleux, l'atmosphère est toujours tendue, entre gens simples, la paix règne en permanence.*

*Celui qui répond avant d'avoir été interrogé se montre sot et digne d'être méprisé.*

*Celui qui n'aime que le vin ne sera jamais savant, mais deviendra de plus en plus sot.*

*Le jeune que l'on aide à trouver sa voie ne s'en éloignera plus, même dans ses vieux jours.*

*Celui qui sème l'iniquité récoltera les malheurs et sera anéanti par la colère des dieux.*

*Même le sot, s'il sait se taire, sera considéré par les sages comme un sage.*

*Ton frère a des malheurs : celui qui est son ami l'aime à tout moment.*

*Si nous marchons à trois, l'un des trois est mon maître.*

*Si ce n'était l'honneur ou le profit, qui voudrait se lever de bonne heure ?*

*La personne rassasiée piétine le miel et ne pense pas aux ruches des autres.*

*De même que le peuple lutte pour protéger ses frontières et les défend contre l'assaillant, les lois doivent défendre le peuple contre ceux qui veulent détruire le pays et le peuple.*

*L'intelligence produit trois fruits très importants : la justesse de raisonnement, l'éloquence, la justice d'action. Celui qui cueillera ces fruits sera considéré comme un homme de grand talent.*

*La médecine guérit les maladies du corps, la sagesse libère l'âme des passions.*

*La débauche conduit celui qui s'y adonne au dégoût et à la mort.*

*Considère comme ton ennemi celui qui te porte volontairement préjudice.*

*Personne au monde ne put jamais cueillir une rose sans se piquer à ses épines.*

*Rien ne sert d'aimer nos richesses puisque nous ne les emporterons pas avec nous. Nous sommes nés sans bagage et nous mourrons sans.*

*Qui aime à faire la guerre mérite les pires châtiments.*

*Le bien et le mal ne suivent pas le même chemin ; la glace et le feu ne se mêlent pas dans un même foyer.*

*Jadis, Tchouang-Tseu rêva qu'il était un papillon voltigeant et heureux. Brusquement, il s'éveilla et s'aperçut qu'il était Tchouang-Tseu. Il ne sut plus s'il était Tchouang rêvant qu'il était Tchouang ou un papillon rêvant qu'il était Tchouang.*

*À l'idée de la fourche qui l'attend, le pillard freine ses mains et sa convoitise.*

*La paix, don sublime, enrichit les humbles et appauvrit les orgueilleux.*

*Quand je suis malade, je deviens pieux ; une fois guéri, j'oublie la foi.*

*La porte de la bienfaisance est difficile à ouvrir, encore plus difficile à fermer.*

*Le bien a sa récompense, le mal son châtiment, si la sanction n'a pas paru, c'est que le temps n'est pas venu.*

*Tu perdis un cheval parce que tu déclaras une chose juste qui ne fut pas appréciée par un puissant.*

*Aujourd'hui sur terre, l'argent est souverain : les rois l'admirent, les princes le vénèrent. Tous les honneurs sont dus à l'argent.*
*Celui qui en est privé ne reçoit pas d'amour ; si quelqu'un jouit d'une mauvaise réputation, il suffit qu'il ait de l'argent pour qu'on le dise honnête.*

*Si la noblesse d'esprit ne s'accompagne pas de l'honnêteté, elle n'a plus de valeur. Noble est celui qui ennoblit par la vertu ; dégénéré est celui qui n'a aucune vertu.*

*Le patient guérira, sauf si le sort est contre lui.*

*Si derrière la beauté ne se cache pas un esprit sage, considère-la comme celle d'un animal.*

*En réalité nous ne savons rien malgré notre savoir. La vérité est trop profonde.*

*La montagne a beau être haute, elle ne peut écraser le soleil.*

*Trois à crédit ne valent pas deux au comptant.*

*Avant de décocher une flèche sur le cavalier, vise d'abord le cheval ; pour capturer les brigands, capture d'abord le chef de la bande.*

*Il faut éviter d'accomplir des actions malveillantes et également d'en parler.*

*Les sots ne savent pas profiter des petites joies de la vie. Ils ne les comprennent pas.*

*Les avares ressemblent aux abeilles et aux fourmis. Ils accumulent comme s'ils allaient vivre éternellement.*

*Une vie qui n'est pas égayée par des fêtes est comme une longue rue sans maison ou prendre le thé.*

*Le maître nous introduit jusqu'à la porte, l'exercice et la pratique dépendent de chacun.*

*Les joies doivent être cherchées non pas dans la maison d'autrui, mais dans sa propre maison, même si ses murs sont en cannes de bambou.*

*De même qu'en hiver, il faut rester à l'abri du froid, pendant ses vieux jours, il faut rester à l'abri de la douleur.*

*En temps de paix, le paysan vit bien, même sur une terre aride ; en temps de guerre, le paysan vit mal, même sur une terre fertile.*

*Selon Confucius, l'homme doit vivre comme il peut et non comme il voudrait.*

*Mieux vaut être envié par son voisin que plaint*
*par sa femme chez soi.*

*Comporte-toi avec modération, mais ne te fie pas à celui qui se comporte avec modération et à celui qui dit se comporter avec modération.*

*Le soulier use la chaussette, la chaussette ne peut user le soulier.*

*Tu ne pourrais pas trouver les limites de l'âme, pas même en parcourant tous les chemins, pas même en nageant dans le long fleuve Jaune, car sa profondeur est sidérante.*

*Dans une melonnière, ne relace*
*pas ta sandale (on te soupçonnerait de prendre des melons) ;*
*sous un prunier ne rajuste pas ton bonnet*
*(on te soupçonnerait de prendre des prunes).*

*Lutter contre la tentation est difficile, car on est prêt à vendre son âme pour obtenir ce que l'on désire.*

*Le bon sens allié à la sagesse constituent la vertu suprême.*

*Le temps, comme l'eau, s'écoule ; une fois passé, il ne peut revenir.*

*Celui qui néglige ses études pendant sept ans sera certainement ignorant pendant soixante-dix ans.*

*Seuls les idiots font des signes aux aveugles et parlent à voix basse aux sourds.*

*Si tu le fais bien, tu pourras dormir partout ; si tu te montres généreux avec ton prochain, tu trouveras toujours un toit pour t'accueillir chez un ami ; si tu fais le mal et ne te montres pas généreux, pas même une muraille de marbre ne te protégera contre la violente colère de ceux qui n'ont plus confiance en toi.*

*Ne montre pas ta plaie à la mouche, elle pourrait l'infecter ; ne montre pas en riant tes dents à l'enfant, il pourrait refuser tes conseils.*

*Pendant la mauvaise saison, les eaux s'écoulent à l'envers.*

*Quand des frères s'entendent bien, l'argile se change en or.*

*Le Tao est au monde entier ce que les ruisseaux et les vallées sont au fleuve et à la mer.*

*Essaie d'avoir juste ce qu'il faut pour manger et pour te vêtir. Tout le reste est inutile, alors veille à ne pas vendre ta précieuse vie pour cela.*

*Fais de toi un être simple, embrasse ta nature d'origine, refrène ton égoïsme, restreins tes désirs.*

*Certaines choses se produisent, suivies par d'autres choses. Certaines sont chaleureuses, d'autres sont froides. Certaines sont fortes d'autres sont faibles. Certaines sont fragiles et d'autres caduques. C'est pourquoi le sage évite l'excès, l'extravagance et l'orgueil.*

*Un fleuve coule sans arrêt, mais l'eau n'est pas toujours la même ; l'écume qui s'échappe des tourbillons apparaît, puis disparaît, mais ne dure jamais longtemps. Tels sont, en ce bas monde, les hommes et leurs demeures.*

*Les tourments de la maladie affligèrent un sage pour une chose qu'il fit ; ils s'éloignèrent de lui pour une chose qu'il ne fit pas.*

*Un jour, un veau que l'on conduisait à l'abattoir prit la fuite, se dirigea vers un sage, cacha sa tête sous son manteau et pleura. Mais le sage dit " Tu fus créé pour être tué ! " Une maladie frappa le sage qui n'eut pas pitié de la bête.*

*Le temps est le remède de tous les maux.*

*Les grandes faveurs viennent du Ciel, les petites joies nous viennent des hommes.*

*Mieux vaut être couché sur la paille dans une bicoque, l'esprit tranquille, qu'être assis dans un fauteuil brodé d'or, dans une maison aux murs de bois parfumés, l'esprit inquiet.*

*Ouvrir un parasol ne vaut pas le nuage cachant le soleil, agiter l'éventail ne vaut pas le souffle du vent.*

*Retiens tes passions. Si tu les libères, elles se retourneront contre toi et te puniront.*

*Avant de battre un chien, regarde qui est son maître.*

*Tu dois te faire une compagne non point de la richesse, mais de la raison, parce qu'une fois que tu auras acquis la raison, tu renonceras aux richesse qui sont sources d'ennuis et de peines.*

*De toutes les choses agréables, les plus rares te procureront le plus de plaisir.*

*Une seule étincelle peut mettre le feu à la steppe.*

*Il est préférable de soigner l'âme et la vertu plutôt que le corps. Il est préférable de mourir l'âme pure et le corps sale, plutôt que l'âme souillée et le corps propre. De toute façon, notre corps se salira forcément dans le terre de nos ancêtres.*

*La vie et la mort, la gloire et l'obscurité, le plaisir et la douleur, la richesse et la pauvreté touchent dans les mêmes proportions les bons et les méchants, ce ne sont donc ni des biens ni des maux.*

*Nombreuses sont les choses qui sont aussi coutumières que les roses au printemps et les fruits en été. Telle est effet la nature de la maladie et de la mort, de l'injure, du piège, de la vengeance et de tout ce qui apporte joie et tristesse aux sots.*

*La meilleure façon de se venger d'un être malveillant est de ne lui ressembler en rien.*

*Ressemble au promontoire contre lequel les vagues viennent continuellement se briser. Le récif reste immobile et autour de lui s'apaise le tumulte de l'eau.*

*Pour la pierre qui a été lancée en l'air, il n'est pas mauvais de retomber sur la tête de celui qui l'a lancée.*

*Il faut recevoir sans orgueil ce que la chance nous offre ; il faut renoncer sans regret à ce dont l'adversité nous prive.*
*Souvent la sagesse se dissimule aussi sous les haillons. Ne méprise pas celui qui les porte et accueille-le toujours avec magnanimité.*

*Quand nous allons bien et ne sommes menacés par rien, tout nous porte à donner de bons conseils aux malades.*

*N'aie pas de juments, n'aie pas d'esclaves, n'aie pas de compagnons, mais porte toujours sur toi tout ce que tu possèdes dans un sac. Ne t'en sépare pas pour dormir, ne t'en sépare pas pour te laver et dans ce sac que tu gardes accroché à ton bras, tu trouveras toujours ton âme.*

*Les amis tiennent à leur amitié, comme les parasites à la richesse d'autrui.*

*Essaie d'égaler la vertu dont ton père fait preuve et non la richesse qu'il accumule.*

*Fais connaître ton nom dans ta patrie, ton vêtement en terre étrangère.*

*Mieux vaut avoir chez soi un grain de poivre qu'un panier de citrouilles.*

*Sots sont ceux qui pensent pouvoir tirer profit des avares.*

*Mieux vaut obstruer les portes de la ville que boucher les rigoles.*

*Ne t'enrichis pas en te montrant injuste.*

*Protège le sommeil de tes semblables et ton sommeil sera paisible.*

*Plus tu te consacres à la philosophie, plus tu te consacres à l'étude de la pensée et plus tu t'éloignes de la vie.*
*Si tu ne sais pas t'y prendre, regarde comment le voisin s'y prend.*

*Ce que l'on mange est perdu, ce que l'on donne avec son cœur vous est rendu deux fois.*

*Le plus grand déshonneur pour celui qui n'aime plus la vie est le supplice de la tombe.*

*Le monde est très grand, mais un village en ruine peut le contenir tout entier.*

*Qui marche trop vite trouve vite le chemin long.*

*Même si ton ennemi est une petite fourmi, considère toujours qu'il est gros comme un bœuf.*

*Un ennemi c'est trop, mille amis trop peu.*

*Chaque empereur amène à la Cour ses ministres à lui.*

*La gloire d'un général est fondée sur dix mille ossements desséchés.*

*Celui qui parle avec sincérité est chassé de neuf et une villes.*

*La consolation de celui qui n'a rien est de se trouver sous terre avec le riche qui a tout eu.*

*Chaque arbre donne son ombre à celui qui la demande.*

*En voulant fuir la pluie, on peut se retrouver sous la grêle.*

*Qu'un chien aboie après une ombre, cent chiens répondent à son aboiement.*

*L'inaction est un grand tourment, le travail est un grand repos.*
*Le moindre faux pas cause mille années de regret, repens-toi et ce sera encore cent années de vie.*

*Le voyageur qui n'a pas de toit connaît les endroits proches et lointains, tandis que celui qui a un toit ne connaît ni les endroits proches ni les lointains.*
*Qui a vécu sait reconnaître les qualités des gens, qui a goûté distingue l'insipide du savoureux.*

*Faire le bien à qui en est digne, c'est ensemencer un champ fertile.*

*Si l'on pardonne plusieurs fois à un sot, on fera de lui un être mauvais.*

*Le pauvre manque souvent de feu, l'avare manque de tout.*

*Ne crois pas aux larmes d'un héritier, très souvent c'est un rire dissimulé.*

*Celui qui porte préjudice à ne serait-ce qu'une personne est un danger pour tous.*

*Si tu te querelles avec un ivrogne, souviens-toi que tu offenses un absent.*

*Le médecin se porte malheureusement très mal quand personne ne se porte mal.*

*Beaucoup se soucient de la réputation, de la richesse et des honneurs ; peu se soucient d'être sages et généreux.*

*Le plus grand domaine que nous possédons est nous-mêmes.*

*Chaque jour, épargne une poignée, au bout de dix ans tu pourras acheter un cheval.*

*Les factions rassemblent les gredins, comme l'amitié rassemble les vrais gentilshommes.*

*La mort n'est pas une punition pour celui qui vit sur terre mais une loi. Un jour, le monde lui-même disparaîtra.*

*N'espère pas sans douter un peu. Ne désespère pas sans garder un peu d'espoir.*

*L'une des causes de nos maux est que nous vivons en essayant toujours de suivre l'exemple d'autrui.*

*Nombreux sont les consuls, mais rares sont les bons rois et les grands poètes.*

*La richesse des riches augmente avec leur colère. Il leur en coûte moins de se mettre en colère que d'être généreux.*

*N'enchaîne pas de gros et robustes bœufs à une fine toile d'araignée.*

*Si le matin tu fais souffrir ton voisin, le soir la souffrance te sera rendue.*

*Oublier un bienfait reçu est mal ; oublier un tort subi est bien.*

*Se servir de mots durs alors qu'il existe des mots gentils, c'est comme cueillir des fruits verts alors que pendent des fruits mûrs.*

*Pourquoi vas-tu si loin chercher le bien ?*
*Pendant que tu le cherches, il pousse près de la porte de ta maison.*

*Les mots écrits à l'encre noire sont effacés par les gouttes d'eau, mais les projets inscrits dans ton esprit, tu ne peux les effacer même si tu le veux.*

*Si tu sais parle, mais si tu ne sais pas, appuie-toi à la porte en bois de ta maison et écoute.*

*Celui qui fait le bien à l'être indigne s'attire des reproches et non des louanges, et ne recueille que des mauvaises herbes.*

*L'ennemi est utile et présente de réels avantages. Il est comme le poison qui parfois guérit des maux incurables.*

*Celui qui n'a pas motif de s'attrister s'inquiète de la mort de l'âne du voisin.*

*Comme l'eau d'un fleuve en crue bouillonne et s'écoule rapidement, la vie d'un homme s'écoule rapidement.*

*La pierre offerte par l'ami est une pomme.*

*Il n'existe qu'une seule liberté : la vérité. Il n'existe qu'un seul esclavage : le mensonge.*

# *Maximes de Lin Yutang*

*“ As-tu jamais étudié la grammaire ? ” demanda un sage à un batelier.
“ Non ”, répondit celui-ci.
“ Alors tu as perdu la moitié de ta vie ! ” dit encore le sage.
Un peu plus tard, le vent poussa la barque dans un tourbillon.
Le batelier cria alors au grammairien :
“ Sais-tu nager ? ”
“ Non ”, répondit l'autre. “ La nage n'est pas mon affaire. ”
“ Alors, répliqua l'autre, toute ta vie est perdue ! ”
Et la barque coula.*

*Un prédicateur monta un jour sur une chaire et demanda aux auditeurs s'ils savaient de quoi il voulait leur parler. Ayant reçu une réponse négative, il déclara que, ne voyant pas d'utilité à son discours, il allait partir. Ce qu'il fit. Une deuxième fois, il posa la même question et, la réponse étant affirmative, il répliqua que le sermon était alors parfaitement inutile. Mais la troisième fois, les auditeurs s'étaient bien préparés à la question habituelle. Ils répondirent en effet : “ Certains de nous le savent, mais d'autres non ! ” Mais ils s'entendirent répliquer : “ Parfait, que ceux qui savent le disent à ceux qui ne le savent pas ! ”*

Pagode des oies sauvages

*Un jour, un homme frappa à la porte et dit au maître de maison qui apparut derrière la fenêtre : " Descends, je dois te communiquer une chose très importante ! " Le maître de maison descendit et l'autre lui demande l'aumône. Il fit alors monter le pauvre, mais le congédia aussitôt, sans rien lui donner. Le mendiant, déçu et irrité, lui demanda pour quelle raison il l'avait fait monter. Le maître de maison lui répondit : " Et toi pourquoi m'as-tu fait descendre ? "*

*Un jour, un voleur dévalisa une maison. Le maître ramassa les quelques objets qui lui étaient restés, poursuivit le voleur et essaya d'entrer chez celui-ci. Au voleur, stupéfait, il donna cette explication : " N'avons-nous pas échangé nos maisons ? "*

*Par une nuit d'hiver, deux inconnus se querellaient sous les fenêtres d'une maison et la querelle était sur le point de se transformer en bagarre.*
*Cédant à contrecœur aux insistances de sa femme, le maître de la maison, craignant que du sang ne coule, s'enveloppa dans une couverture et descendit calmer la colère de ses adversaires. Ceux-ci lui arrachèrent la couverture et s'enfuirent à toutes jambes. La femme qui de son lit se réjouissait d'avoir retrouvé le calme, demanda à son mari la raison de leur dispute. Et le mari répondit nonchalamment : " Oh, ce n'est rien ! Ils se disputaient pour ma couverture ! "*

*Mencius dit à Siuen, prince de Ts'i : " Si l'un de tes ministres, devant partir en voyage, confiait sa femme et ses enfants aux soins d'un ami, et, à son retour, les trouvait affamés et morts de froid, comment selon toi devrait-il se comporter ? " Il devrait renier son ami ! "*
*" Et si le juge le plus haut placé se montrait incapable de remplir son devoir, comment le traiterais-tu ? " " Je le destituerais de ses fonctions ! " " Et si l'État était mal gouverné, que faudrait-il faire ? "*
*Le prince comprit la leçon.*

*Le prince Wen de Ten demanda une fois à un sage : " Mon État est petit et puisqu'il s'étend entre ceux de Ts'i et de Chu, auquel des deux dois-je me déclarer vassal ? " Le sage répondit : " Je n'approuve pas ta résolution. Je ne te suggérerai qu'une seule chose. Creuse des fossés plus profonds, augmente la hauteur des murailles, défends la ville avec tes hommes, sois prêt à affronter la mort et fais en sorte que le peuple ne t'abandonne pas. C'est-là la meilleure vassalité. "*

*Hsun-ze demanda à un sage : " Confucius parlait souvent de l'eau en la louant. Pourquoi faisait-il cela ? "*
*Le sage répondit : " Il y a de l'eau qui jaillit de la source, qui sourd jour et nuit sans repos, remplit toute cavité, coule, se jette dans les quatre mers. Celle-là est l'eau de source, celle dont Confucius chantait des louanges. Mais il y aussi l'eau qui ne vient pas de la source. Pendant les deux mois des pluies, elle remplit les canaux et les petits ruisseaux, puis en peu de temps, elle s'assèche. Dans la même mesure, l'homme supérieur a honte d'une bonne réputation qu'il ne mérite pas. "*

*La substance de l'homme est la même que celle du ciel et de la terre. Son cœur est le cœur du ciel et de la terre.*
*Compte tenu de sa norme et de sa matière, l'homme forme un tout avec le ciel et la terre. Le ciel, la terre et tous les êtres forment une seule chose avec moi. En effet, je participe des mêmes choses. Le ciel est mon père, la terre est ma mère, les hommes sont donc mes frères, tous les êtres vivants se sont unis, tout l'univers forme avec moi un être unique*

*Tchouang Tseu pêchait au bord d'une rivière quand se présentèrent à lui deux dignitaires envoyés par le roi du Chu, qui lui dirent que le roi désirait qu'il participe à l'administration de l'État. Tchouang Tseu, sans poser sa canne et sans se retourner, répondit : " Dans l'État Chu, il doit y avoir une tortue sacrée, morte déjà depuis trois millénaires, que le roi conserve dans la salle des ancêtres à l'intérieur d'un panier recouvert d'un linge. Que préférerait selon vous cette tortue ? Voir honorer ce qui subsiste de sa carapace ou traîner vivante dans la boue. " Les deux dignitaires se prononcèrent pour la seconde hypothèse. " Alors, allez-vous en donc, mes seigneurs, je préfère moi aussi traîner dans la boue. "*

*Il y a quelque chose qui vit et quelque chose qui donne la vie : il y a quelque chose qui a une forme et quelque chose qui la lui confère. Ce pour quoi la forme est forme est la réalité ; ce qui confère la forme est une chose qui ne s'est jamais manifestée ; ce pour quoi le son est son est l'ouïe ; ce qui rend son le son ne s'est jamais manifesté ; ce pour quoi la couleur est couleur, c'est la vie ; ce qui rend couleur la couleur ne s'est jamais manifesté.*

*Ne te sens pas obligé de saluer ton fougueux adversaire, parce que, ainsi faisant, tu blesses ton cœur. Ne manifeste pas de respect à ton adversaire en le flattant, parce que l'esprit de vengeance s'infiltrera en toi. Montre-toi toujours attentif et actif avec tous et, si tu gagnes un poil, transforme-le en poutre. Tu n'auras plus d'ennemis parce qu'il croiront que tu es un puissant et tu te feras beaucoup d'amis qui craindront de te perdre en raison de ta puissance.*

*Le sermon du Lotus est comme un feu pour les êtres congelés, un vêtement pour les êtres nus, un guide pour la caravane, un père pour l'enfant, une barque pour celui qui veut passer un canal, une torche pour chasser les ténèbres. Celui qui, en écoutant le sermon du Lotus, manifeste son approbation aura toujours l'haleine suave comme celle d'un Lotus et ses membres diffuseront un parfum de santal, tandis que la jeune fille qui l'écoutera une seule fois oubliera sa vie de jeune fille et commencera sa vie de femme.*

*Je préfère être mon propre domestique. Si je dois faire quelque chose, je me sers de mon propre corps. Parfois, cela est fastidieux, mais c'est toujours plus facile que d'obtenir l'obéissance des autres. Si j'ai besoin de marcher, je marche ; cela me fatigue, mais toujours moins que de devoir penser aux chevaux et aux selles, aux bœufs et aux carrosses. Je partage mon corps en deux parties : mes mains me servent de serviteur, mes pieds de véhicule, et ils sont d'une docilité inimaginable. Mon cœur, sachant ce que mon corps peut supporter, le laisse se reposer quand il est fatigué et s'en sert quand il a repris des forces. Quand il s'en sert, il n'en abuse pas, mais il ne laisse pas non plus s'alourdir. D'ailleurs la marche et le mouvement sont bons pour la santé. Pourquoi alors demeurer paresseux inutilement ?*

*Si vous avez la sagesse de reconnaître une vérité, mais que vous n'êtes pas capable de vous y tenir, vous la perdrez tout de même, bien que l'ayant découverte ; si vous avez la sagesse de reconnaître une vérité et de vous y tenir, mais vous ne parvenez pas à vous comporter dignement en public, vous n'obtiendrez pas le respect du peuple. Si vous avez la sagesse de reconnaître une vérité, que vous parvenez à vous y tenir et à vous comporter dignement, mais vous n'êtes pas imprégné de l'esprit du Li ou de discipline sociale, vos actions et vos comportements ne seront pas satisfaisants.*

*Arriver à la compréhension, chercher en son être le véritable être, cela s'appelle la nature. Arriver à son véritable être en partant de la compréhension, cela s'appelle la culture. Ce qui est le véritable être s'appelle compréhension, ce qui est compréhension trouve donc son véritable être. Donner l'impression du véritable être impose l'expression, l'expression devient évidence, l'évidence devient clarté et éclat de savoir, la clarté et l'éclat de savoir deviennent actifs, le savoir devient la force et la force devient un influx envahissant la totalité du corps.*

*Les Chinois ont seulement des appellations pour les races étrangères : l'une est race étrangère, l'autre est votre majesté*

*Voici un grand palais vieux de mille ans, aux tuiles et aux briques effritées, aux poutres et aux murs croulants, qui est en vérité encore imposant, mais qui au premier orage s'écroulera au sol. cependant, les gens qui habitent ce palais ne s'en inquiètent pas et dorment paisiblement, comme s'ils ne voyaient ou n'entendaient rien. Quant à ceux qui se sont aperçus du danger, ils se contentent de pleurer amèrement et d'attendre la mort, découragés, mais ils ne songent pas à trouver une solution. Quelqu'un de plus doué que les autres s'efforce de réparer les fissures et de boucher les trous de façon à pouvoir y vivre commodément, sans doute pour une brève période et dans l'espoir d'une amélioration. Ces trois types de personnes utilisent leur intelligence de manière différente mais quand éclatera l'orage, ils périront ensemble.*

*La Chine est comme une pièce aux murs invisibles contre lesquels on peut se cogner la tête. Le vainqueur est l'homme qui est disposé à lutter contre ses murs et à s'y cogner la tête sans se soucier de la douleur.*

*Je pense souvent que nous devrions appliquer au jeune la loi nouvelle et au vieux la vieille loi. Quand les vieux officiers de la dynastie mandchoue commettent un crime, nous devrions leur fouetter le dos.*

*Quand les Chinois sont au pouvoir et voient que les autres ne peuvent rien leur faire, ils se montrent autocrates et immodérés ; quand ils commencent à parler de modération, ils savent qu'ils doivent être modérés et quand ils ne sont pas aidés par la chance ils se mettent à parler de destin. Qui dit que les Chinois ne changent pas ? Quand de nouvelles choses sont introduites, ils veulent les repousser, mais quand ils commencent à en voir les aspects positifs, ils commencent à changer.*
*Ils ne changent toutefois pas en s'adaptant aux nouvelles choses, mais en adaptant les nouvelles choses à eux-mêmes.*

# Table des matières

*Achevé d'imprimer en décembre 1999*
*à Pavie, Italie,*
*sur les presses de Litoline Arti Grafiche s.n.c.*

*Dépôt légal : décembre 1999*
*Numéro d'éditeur : 6256*